新潮社

室町は今日もハードボイルド

はじめに

二〇一五年に小中学校の「道徳」が教科に格上げされ、教科書も検定教科書が使用されるようになった。あるとき、その小学「道徳」教科書の一部を見る機会があったのだが、意外に日本史上の人物の言行が多く採り上げられていることに驚いた。

山上憶良《やまのうえのおくら》、良寛、二宮尊徳、吉田松陰、坂本龍馬、野口英世、杉原千畝《ちうね》、などなど。

はたしてこれらの人物が「道徳」教科書に採り上げる価値のある人物かどうか、さらにいえば、そもそも「道徳」という教科が必要あるのか、という問題はあるのだが、それはひとまず措《お》いておこう。むしろ私が面白いと思ったのは、ここで採り上げられている人物が、いずれも古代・近世・近代に活躍した人物ばかりで、私が専門とする「中世」の人物は誰一人紹介されていないということ、だった。

そこで紹介されている人物は、いずれも質実、家族愛、立身、学究、憂国など、わが国で「道徳」的と考えられている徳目に合致する逸話や発言を（それが事実であったかどうかはともかく）残している者たちである。それに対して、まことに残念ながら、私に馴染《なじ》みのある中世の人びとは、おおむねそうした徳目とは無縁、もしくはそれらの希薄な者たちだったのである。教科書作成者がそれを意図的に行っているとしたら、それはそれで優れて鋭敏な配慮と思わざるをえない。たしかに中世を生きた人びとのなかには「道徳」的な人物は少ない。というよりも、むしろ、そうした私たちの既存の「常識」や「道徳」の埒外《らちがい》にあることが、中世人の最大の特徴であり魅力なのである。

本書で扱う日本の「中世」とよばれる時代は、一般的には平安時代後期（院政期、十一世紀後半）から始まって、鎌倉・南北朝・室町時代を経て、戦国時代の終わり（十六世紀中頃）まで、をさす。それぞれ、平清盛の政権や鎌倉幕府、室町幕府、戦国大名など、武士権力が大きな力をもった時代である。だから、この時期を「武士の時代」とイメージする人も多いだろう。しかし、現実には、この時期には武士だけではなく、天皇や公家、僧侶や神職たちも同じく支配階層として君臨していた。

東国に鎌倉幕府がある一方で、西国には天皇を戴く公家政権が存在し、地方社会は彼らが支配する荘園によって分節化されていた。また、中世の終わりには、各地に戦国大名が割拠して、それぞれの支配地域を独立国として支配していたことは、ご承知のとおりである。そのうえ、庶民たちは「村」や「町」を拠点にして、独自の活動を展開していた。そこでは幕府法、公家法、本所法（荘園内の法）、村法など、独自の法秩序があり、幕府法が村法より優位ということは必ずしもなく、それぞれ等価に併存していた。それを考えるなら、中世は、日本の歴史のなかでも前後に類がないほど〝分権〟や〝分散〟が進行したアナーキー(無秩序)な時代だったといえるだろう。

さらにいえば、彼らは、自分の利害を守るために「自力」で暴力を行使することを、必ずしも〝悪〟とは考えていなかった。やられたらやり返す。場合によっては、やられてなくてもやり返す。しかも、そうした衝動の発露を美徳とするようなメンタリティーを、彼らは持ち合わせていた。それは武士だけに限ったものではなく、僧侶や農民にまで通底するものであって、彼らは常日頃から刀を身に帯びて、往来を闊歩《かっぽ》していた。加えて、彼らは同じ仲間が蒙《こうむ》った損害を、みずからの痛みとして受け止め、万一、仲間が他の誰かによって傷つけられたときは、寺院や村をあげて集団で報復に乗り出す。それは、もう立派な戦闘行為という他ない。歴史教科書をみると、この時代は「○○の変」とか「××の乱」といった政変、戦乱が目白押しだが、それは史書に名をとどめたほんの一部の話であって、当時の社会では、現実にはそこかしこの様々な階層の間で、無数の無意味で名もない「変」や「乱」が巻き起こされていた。中世は、日本史上、最もハードボイルドな時代なのである。

そんなアナーキーでハードボイルドな価値観をもった人びとが、現代の「道徳」教科書に載せられるわけがない！　「朕《ちん》が新儀は未来の先例たるべし(私の違法行為が将来の新ルールとなるのだ！)」(後醍醐天皇)とか、「よき友、三つあり。一つには物くるる友、二つには医師、三つには知恵ある人(友達にすると良いのは、物をくれる人、医者、知恵のある人)」(兼好法師)、「いずれの御方たりといえども、ただ強き方へ随《したが》い申すべきなり(我々はどちらでも、ただ強いほうに味方するのだ！）」（和泉《いずみ》国熊取《くまとり》荘の荘民）といった彼らの「名言」が「道徳」教科書に載る日は、今後も決して訪れることはないだろう。

リーダーの主導のもと社会が統御されることもなく、異質で多様な価値観が拮抗して、先行きが見えない物騒な時代――。しかし、それは考えようによっては、特定の「主役」や、予定調和の「筋書き」や、お説教じみた「教訓」のない、躍動的な群像劇の時代ともいえる。また、彼らがまったく非常識で、非道徳的だったかといえば、そんなことはない。彼らには彼らなりの「常識」や、彼らなりの「道徳」があって、みなそれに従って行動していた。現代に生きる私たちの「常識」や「道徳」と、彼らの信じるそれが異なるだけであって、実は両者のあいだには優劣はないのだ。それどころか、ときには彼らの側の「常識」や「道徳」のほうが、私たちが奉ずるそれよりも優れていることすらある。中世を生きた人びとの最大の魅力は、同じ日本列島に住みながら彼らが私たちの「常識」や「道徳」から最も遠いところにいる存在であるという点にあり、彼らの社会を学ぶ面白さは、そんな私たちが安住している価値観を揺るがす破壊力にあるといえるだろう。

以下、本書では、日本中世の特徴を物語る一六のテーマを、それぞれ「自力救済」「多元性」「人びとのきずな」「信仰」を主題とする四部に構成してお話ししていきたい。内容は、私が日々の生活で感じた現代と中世との相違や、出会った中世史料の詳細を紹介したエッセイなので、どこから読んでもらっても構わない。これ一冊で日本中世社会の概略が理解できるよう、扱う話題はなるべく多様なものを取り上げたが、そのために執筆では多くの先学の研究成果に依拠させてもらうことになった。それぞれのテーマを、より詳しく知りたい方は、ぜひ巻末の参考文献をご参照いただきたい。ただ、先学の学説をそのまま紹介するだけでは能がないので、その場合、なるべく先学も触れていない新史料をもとに解説を行うことを心がけた。また、すでに先学によって紹介されている既知の史料を紹介する場合は、その解釈や評価に私なりの多少のアレンジを加えることにも努めた。一般読者にとってはどうでも良いことかも知れないが、私の研究者としての細《ささ》やかな矜持《きょうじ》を示したつもりである。

では、皆さんを戦慄させる中世人の衝撃的な逸話の数々を紹介していこう！

室町は今日もハードボイルド * 目次

装画・挿画　伊野孝行

第1部
僧侶も農民も！荒ぶる中世人

第1話　悪口のはなし

おまえのカアちゃん、でべそ

戦国なぞなぞ

のっけから、楽しい「なぞなぞ」を一つ。

――母とは二度会うけど、父とは一度も会わないもの、な〜んだ？

これは戦国時代に書かれた『後《ご》奈良《なら》院《いん》御撰《ぎょせん》何曾《なぞ》』という、なぞなぞ本に書かれている問題である。原文は「母には二たびあひたれども、父には一度もあはず」である。わかるかな？

正解は、「くちびる」。なぜなら、「母」と発声するときは唇は二度触れ合うけど、「父」と発声するときは唇を一度も触れ合わせることがないから。どうです？

……え？　腑《ふ》に落ちない？　そう。自分で発声してみるとわかるが、残念ながら「ハハ」も「チチ」も、どちらも発声する際に唇は一度も触れ合わないのである。これでは、まったく「なぞなぞ」にならない。いったいどういうことなのだろうか。

では、本当の答え合わせをしよう。じつは、戦国時代以前と以後では、「はは」という言葉の発声の仕方は異なっていたのである。現代では「はひふへほ」は、そのまま「ハ（ha）・ヒ（hi）・フ（hu）・へ（he）・ホ（ho）」と読むが、戦国時代以前の日本語では「ファ（fa）・フィ（fi）・フ（fu）・フェ（fe）・フォ（fo）」と読んでいたらしいのである。だから、「母」は「ハハ」ではなく、当時は「ファファ」。そう読めば、「母」と発声しようとすれば、いやでも唇が二回触れ合うことになる。信じられない人は、あたりに他人がいないことを確認したうえで、自分で声に出してみてください。ね？　ちゃんと口が閉じるでしょ？

ちなみに、江戸後期の国学者、本居内遠《もとおりうちとお》（本居宣長家の三代目。一七九二～一八五五）も、このなぞなぞの意味がわからなかった。苦心して、母は「歯々」、父は「乳」の意で、「くちびるで自分の歯に上唇・下唇で合計二回触れることはできるけど、自分で自分の乳首を一回も吸うことはできないから」という、トンチンカンな解答を書き残している（『本居内遠全集』所収「後奈良院御撰何曾之解」）。残念！　本居先生、ちょっと考えすぎ！

ここからもわかるように、江戸後期になると、「はひふへほ」は現代と同じ「ハヒフヘホ」と発音するようになってしまっていたため、かの本居家の家督を継ぐ大国学者でも、このなぞなぞの意味が理解できなくなってしまっていたのである（それにしても、江戸時代の大学者が必死で自分の乳首を吸おうとしているさまを想像すると、ちょっと笑える）。

以前、歴史ドラマの時代考証の仕事をやったとき、徹底的に史実に忠実なドラマを、という制作側の要望に応えて、この「ファ・フィ・フ・フェ・フォ」の発音の完全再現を真面目に提案したことがあるが、さすがにイヤな顔をされた。「本能寺《ふぉんのうじ》に火《ふぃ》の手が！」「なに、謀《ふぁか》られたか！」では、やはり緊迫感がなさ過ぎるか……。

ドラマや映画などでは現代人の俳優がもっともらしく義経や信長を演じていて、鎌倉〜戦国時代は、私たちにも身近に感じる時代である。しかし、言葉や発音の面だけをとっても、江戸時代以降の日本人と、そのまえの日本人では、だいぶ異なっていた。現実に私たちが戦国時代の人々と出会ったら、同じ日本人とはいえ、そもそもリスニングにかなりの困難がともなうはずである。今日は、そんな現代とは異質な日本中世の「ことば」の問題、それから「母《ファファ》」をめぐる、ちょっとした謎について考えてみたい。

謎の悪口「母開」

少しまえからインターネットやSNS上のヘイト発言や罵詈《ばり》雑言《ぞうごん》が目に余るようになった。自分はいったい何様のつもりだ、というような〝上から目線〟の発言の数々は、正直いって、かなり見苦しい。ただ、そこで展開されている悪態の数々は、冷静になって見てみると、「氏ね」とか「厨房」とか「マジキチ」とか、「左巻き」「ネトウヨ」「マスゴミ」とか……。どれもこれも、どこからか借りてきたような紋切り型の表現ばかりではないだろうか。いわれた側もさすがに唸《うな》ってしまうような絶妙な表現にネット上で出会うことは、ほとんどない。そもそも日本社会はあまり悪口や罵倒語のボキャブラリーが多くないとは、よくいわれるところである。

一九六〇年代後半に作家の筒井康隆が「悪口《あっこう》雑言罵詈讒謗《ざんぼう》私論」というエッセイを書いて、日本語の悪口語彙の列挙、分類を試みたことがある（『筒井康隆全集』第9巻〔新潮社〕所収）。それなどを読むと、さすがは筒井康隆、よくぞこれだけの悪口が思いつくものだ、と感嘆させられる。しかし、こちらもよくよく読み返してみると、半世紀以上前の作品だけあって、いまや死語となってしまったものも多数含まれている。「ラリ公」とか「フラッパー」とか「パン助」とか、現在の若者には、それが悪口であるかどうか識別するのも難しいだろう。また、そこにあげられた言葉の大半は動物名（いぬ）や植物名（もやし）など、それ単独で悪口と分類するには躊躇《ちゅうちょ》を覚えるものばかりだ。やはり、総じて日本語には罵倒語が少ないというのは、これを見ても当たっている気がする。

ただ、そのことは「どこかの国とは違って、日本人は昔から他人をけなしたり、おとしめたりすることを好まない温厚な民族だった」という安直な日本人論には帰結しない。時代を遡《さかのぼ》って鎌倉時代までいけば、現代では思いも寄らないような強烈な悪口がたくさんあったのだ。

たとえば、鎌倉時代の裁判史料に出てくる「母開」という悪口。これは当時としては、かなり強烈な悪口だったようだ。ただ、この言葉が古文書のなかに顔を見せるのは、わずか二回だけ。一回めは、鎌倉時代の建長元年（一二四九）七月に書かれた裁判の判決文のなかに現れる。駿河《するが》国（現在の静岡県中部）で小次郎入道《にゅうどう》という男が紀藤次《きとうじ》という男にむかって「母開」という言葉を「放言」したために、訴訟となり、けっきょくその訴訟に応じなかった小次郎入道は二貫文（現在の二〇万円相当）というかなり高額な罰金を科されている、という話である。

二回めは、その裁判からわずか二年後の建長三年（一二五一）一〇月、安芸《あき》国（現在の広島県西部）の厳島神社で舞いを奉納する芸人集団のリーダーの地位をめぐって、中《なか》久成という男と、佐伯道清という男が争っていた。このうち道清側の証言によれば、久成は早死にした道清の父にかわってリーダーとなったものの、道清が成人してもその地位を道清に返そうとはしなかった。しかも、たびたび道清にむかって「悪口を吐き」、あまつさえ「母開」にまでおよんで「放言」したという。そのため道清は「所行《しょぎょう》の至り、言語道断なり」ということで、ついに久成に対して訴訟を決意したとのことだった。道清にいわせれば、そこまで悪質な言葉を吐かれては、本来なら即座に「喧嘩」となるのは間違いないところだったという。

以上が、歴史に残る「母開」をめぐるトラブルのすべてである。いずれも些細なトラブルではあるが、かたやそれを口にした側に高額の罰金が科されており、かたやそれを浴びせられた側が怒りのあまり訴訟を決意し、そうでもしなければ間違いなく事は喧嘩に発展しかねないものだったという。当時の悪口としては、かなり深刻なものであったことが推測できる。では、この「母開」とは、どんな意味の悪口なのだろうか？

いまから四〇年近く前、日本中世の法制史研究者である笠松宏至《ひろし》氏は、この「母開」という謎の言葉の恐るべき意味をみごとに解明してみせている。以下の説明は、笠松氏の研究成果に私なりの解釈を補ったものである。

まず、笠松氏によれば、「開」は「つび」と読んで、「女性器」、そこから転じて「性交」の意味だという。となると、「母開《ははつび》」とは、素直に考えて「母親の性器」、もしくは「母親との性交」を意味する言葉となる。いずれにしても母親の性を愚弄した罵倒語ということになる。ただ、これをさらに深読みすると、誰が母親との性交渉の相手になるかによって、二つの解釈の可能性が生まれる。

一つは、それを口にした当人が喧嘩相手の母親と肉体関係をもつという可能性。つまり、「オレはおまえの母親と寝たぞ！」、あるいは「オレはおまえの母親を犯してやる！」という意味である。前者の場合は、その母親が淫奔《いんぽん》な女性であることを公言していることになり、これは相手の母親を侮蔑《ぶべつ》するだけでなく、遡《さかのぼ》れば相手自身の出生や血統の疑義にまで発展する強烈な罵倒語といえるだろう。また、後者の場合は、相手の母親を「征服」するという意味に解され、これまた相手およびその母親を強烈に貶《おとし》める行為となる。

そして、もう一つは、他ならぬ相手自身がその母親と肉体関係にあることを告発している可能性である。つまり、「おまえは自分の母親と寝ただろう！」という意味。これは母子相姦であって、明らかに人倫の道を踏みはずしていることを告発しているわけだから、相手の人格を全否定する、これまた強烈な罵倒語となる。似たような意味の当時の言葉には、「おやまき」というものもあった。これは「親＋枕《ま》く（婚く）」の連用形で、やはり母子相姦を意味した。

このうち笠松氏は母子相姦の意味で「母開」の語義を理解されているようだが、のちに述べる理由から「オレはおまえの母親と寝たぞ！」「オレはおまえの母親を犯してやる！」の可能性も否定できない。あるいは「母開」という言葉には、その二つの意味がともに含意されていた可能性がなくもないのだが、いずれにしても、現代では考えられない卑猥な悪口だったことに間違いはない。さきにあげた二件のトラブルで、「母開」の一言が思わぬ大ごとに発展しているのも、うなずけるところである。ひとたびその言葉を吐かれたら最後、いわれた側は自身と自身の母の名誉にかけて闘うことも辞さなかった。そんな物騒な悪口が「母開」だったのだ。

〝世界標準〟の罵倒語

ただ、似たような母親の性（母親との性）を嘲弄した悪口は、現代日本では容易に見当たらないものの、世界に眼をむけてみると、意外に多い。なかでも誰もが思い浮かぶのは、英語の「mother fucker」「fucked your mother」だろう。これこそ、まさに母子相姦で、「おまえは自分の母親と寝ただろう」という意味の、かなり卑猥な俗語《スラング》である。それでもハリウッド映画などに頻出するので、誰もが一度は聞いたことがあるはずである。

他国語での似たような意味の罵倒語としては、フランス語の「Nique ta mère《ニックタメール》（おまえの母

親を犯す）」とか、ロシア語の「Ёб《ヨーブ》 твою《トゥヴァユー》 мать《ムアチ》（おまえの母親を犯す）」というものもある。どうやら母親の性に関する悪口は、ひろくヨーロッパ圏に行き渡っているようだ。それどころか、アジア圏でも、儒教文化とはおよそ無関係に、中国語の「操你媽《ツァオニーマー》（おまえの母親と寝た）」「他媽的《ターマーダ》（あいつの母親の……）」や、韓国語の「니미씨발《ニミシバル》（おまえは母親と寝た）」など、やはり似たような悪口には事欠かない。世界に目をむければ母親の性に関する悪口は、かなり普遍的な広がりをもっていたのである。それを考えると、こと悪口に関しては、現代日本社会は世界的に珍しいほどウブな社会であるといえるかも知れない。

ただ、それも鎌倉時代まで遡れば、〝世界標準〟に負けず劣らず、わが国にも豊かな悪口の文化が存在していたことになる。とくに、いまあげた諸外国の例を見ても、母親の性に関する悪口は母子相姦を意味するものと、母親を侮辱するものの両様が存在する。そこから類推するに、「母開」もあえて主語がぼかされることで、両様の解釈の含みをもたせて使われる言葉だったのかも知れない。いずれにしても、私たちの先祖は敵対する相手に最大限の侮辱をあたえるべく、いまや口にするのも憚られるような相手の母親の性にまつわる罵倒語をしばしば口にしていたのである。

鎌倉幕府の有名な法律書『御成敗式目』を見てみると、そこにはわざわざ「悪口《あっこう》の咎《とが》」についての条文が立てられている（第一二条）。そこでは、「悪口」を「闘殺の基《もとい》」（殺人の原因）として厳しく禁じており、その罰は、重い場合は流罪《るざい》、軽微なものでも禁固。さらに裁判途中で訴訟相手に対して「悪口」を吐いたら、係争地は問答無用で相手のものになる、という厳格さだった。たかが悪口と思うなかれ。私たちの眼には一見奇異に映る、こうした鎌倉幕府の「悪口」に対する厳しい取り締まりの姿勢も、「母開」のような、どぎつい罵倒語が日常的に飛び交っていた過激な社会を連想すれば、かなりの部分、納得できるのではないだろうか。

かくも豊饒な罵詈雑言の世界

一般の方々には馴染みはないだろうが、『邦訳日葡《にっぽ》辞書』という、およそ私たち室町・戦国時代を研究する者にはなくてはならない便利な辞書がある。この辞書のもとになったのは、一六〇三年、ちょうど徳川家康（一五四二〜一六一六）が江戸幕府を開いたのと同じ年、日本に来ていたイエズス会の宣教師によって出版された、ポルトガル人のための日本語辞書『日葡辞書』である。彼らはもちろん日本でのキリスト教布教活動の便宜として、日本語をポルトガル語で説明した対訳辞書を作ったわけである。このポルトガル語の語義解説部分を一九八〇年になって三人の研究者が日本語に翻訳して、岩波書店から出版したのが、他ならぬ『邦訳日葡辞書』である。つまり、この辞書は、一六〇三年当時の日本語の語義説明を現代日本語で読むことができるという、（当初の使用目的とは異なるが）現代日本人のための一七世紀日本語辞書、なのである。

この辞書の刊行により私たち研究者は、見知らぬ異国に来た宣教師が一つ一つの未知の言葉をこれによって理解したのと同様に、一七世紀初頭の日本で使われていた言葉の意味や読み方をたちどころに知ることが可能となったわけである。その結果、従来不明であった古文書のなかの言葉の意味や読み方が明らかにされた例は数多く、この辞書が果たした研究史上の功績はとてつもなく大きい。

さて、この研究者必備の便利な辞書の恩恵を、研究者の端くれとして、ふだん私も大いに享受《きょうじゅ》しているのだが、研究者として初めてこの辞書を手にしたとき、一つの不埒《ふらち》な〝遊び〟を思いついた。その〝遊び〟とは、なんとも他愛のないものなのだが、国語辞典を初めて手にした小学生がやるように、〝人前でいってはいけない言葉〟が辞書に何て書いてあるか、ということを探索してみることだった。バカらしいといってしまえばそれまでだが、しかし、これが意外と面白い（たしか論文の提出を控えながら、この〝遊び〟に夢中になり二日ほどつぶしたように記憶している……）。そのとき、気づいたのだが、この辞書のなかには、現代語の「アホ」とか「バカ」に該当する罵倒語がかなり多い。あらためて列挙してみると、左のごとくである。

アハゥ（阿房）
アンカゥ・アンガゥ（鮟鱇）
アヤカリ（馬鹿者）
アヤカシ（馬鹿者）
バカ（馬鹿）

バカモノ（馬鹿者）
ホレモノ（耄れ者）
タワケモノ（戯け者）
オドケモノ（おどけ者）
オロカナヒト（愚かな人）
ウツケモノ（虚者）
シレモノ（痴者）

このほか、身分的な卑しさを意味する言葉や身体障害を意味する言葉を「罵倒語」に加えるとすると、さらにその数は増えるが、とりあえずはこのあたりにしておこう。中世の人々は「母開」にかぎらず、これらの罵倒語を縦横に駆使して、おのれの敵に対峙《たいじ》していたのだろう。

『邦訳日葡辞書』の収録語は約三万語あまりだが、そのなかで「愚か者」を意味する言葉はここに記した一二語ほど（約〇・〇四パーセント）である。ちなみに、二三万語の収録語彙を誇り、現代日本で最もポピュラーと思われる『広辞苑（第五版）』のなかで「愚か者」を意味する語は、約一〇〇語ほど（約〇・〇四パーセント）であり、数値上では両者はほとんど変わらない（検索には『広辞苑（第五版）』CD-ROMを利用した）。しかし、『広辞苑』のなかには、見たところ現代では決して使うことのない「死語」に属する罵倒語もかなりの数含まれているから、それらを除けば、やはり『邦訳日葡辞書』に含まれる罵倒語の率の方がかなり高いことになる。布教活動のための辞書のなかに、これだけの不謹慎な罵倒語が含まれていることに私たちは意外の感をもつが、当時、宣教師が日本社会に溶け込むためには、最低でも、これだけの言葉を知っておかねばならなかったのだろう。

しかし、私がより面白いと思ったのは、悪口の量もさることながら、これらの罵倒語のもつ意味の〝奥深さ〟である。たとえば、一例をあげよう。さきに挙げたなかの「アンカゥ」という言葉。「アンコウ（鮟鱇）」といえば、私たちは深海魚のアンコウをまず連想するが、意外にも『邦訳日葡辞書』の説明はこうである。

川魚の一種で、足のある魚。（中略）川に居る鮟鱇のように、口をあけてぽかんとしている、愚かで鈍い人。

深海魚のアンコウが川にいて、まして足があるわけがない。ここでいわれている「アンコウ」とは、現代でいうサンショウウオのことなのである（のちの時代に深海魚のほうがサンショウウオに似ているということで「アンコウ」とよばれるようになり、その名が定着したようだ）。つまり、愚鈍な人物を両生類に譬《たと》えて罵倒しているわけである。

あるいは、「アヤカリ（アヤカシ）」。これも、江戸時代以降の用例などをみると、船などを沈没させる海の化け物のことをさした言葉のようである。不倶戴天《ふぐたいてん》の敵やちょっと「ぽかんとしている」人を川のなかで呑気に佇《たたず》むサンショウウオに譬えたり、海の化け物に譬えたりする、こうした当時の人々の罵倒語に、現代人にはない素朴なユーモアと機知を感じるのは私だけであろうか。

いまも受け継がれる罵倒語のＤＮＡ

ここまで中世日本の豊饒《ほうじょう》な悪口の世界を覗《のぞ》いてきたが、「母開」や「アンコウ」やら、聞いたこともない卑猥でユーモラスな悪口の数々に、どこか読者の皆さんは他人事のように気楽に構えてきてはいなかっただろうか？　「さすが中世、野蛮だな」「昔はずいぶん下品なのね」などと、ご先祖さまを見下して安心していてはいけない。

じつは、さきにあげた中世の悪口の数々、いまでも方言などのかたちで地方社会に息づいているのである。とくに「アンコウ」は、現代でも岡山地方の方言として、罵倒語の命脈を立派に保っている。岡山県出身の知人数人に聞いてみたところ、「アホ」「バカ」と同様の意味で、いまでもほとんど日常的に使っているそうだ。このほか、「タワケ」が中京地域の罵倒語としていまも使われていることはよく知られているし、「アヤカリ（アヤカシ）」なども近畿周辺の一部（福井県東部・紀伊半島山間部）の方言として使われているらしい。

これは悪口の話ではないが、数年前、朝の連続テレビ小説「あまちゃん」で、岩手県に里帰りした主人公や周囲の人たちが驚いたときに発する「じぇ」という感嘆詞が可愛らしいと話題になった。ただ、この「じぇ」も、もとをたどれば室町時代の京都ことばなのである。

室町時代に生まれた狂言のなかのセリフとしても、「誰ぞあるか、じゃ、ぬす人であらふぞ」といった感嘆詞がみえる（「連歌盗人」）。この「じゃ」が、「じぇ」のルーツだったのである（ただし、「じぇじぇ」とか「じぇじぇじぇ」とか、驚きの程度にあわせて数が増えることはなかったようだ）。中世の京都など中央で使われていた言葉が廃《すた》れた後も、地方の方言として現代まで生き残るということは、よくあることである。とくに感嘆詞や悪口のような情報メディアの影響をうけにくい俗語ほど、その傾向はつよい（松本修『全国アホ・バカ分布考』〔新潮文庫〕は、この視点に立った悪口研究の名著である）。数百年前の罵倒語は地域を狭めながらも、いまも堂々と生き抜いているのである。

さらにいえば、「母開」のような性にまつわる卑猥な悪口についても、さきに私は「現代日本では容易《いい》に見当たらない」と書いたが、実際、探せば無いわけではない。『邦訳日葡辞書』にも収録され、現在も方言として現役である「タワケ」という言葉も、ルーツを探れば、私は性に関する悪口であったと考えている。近世以降になると本来の語源が忘れられて、「タワケ」は「田分け」、すなわち、大事な不動産を他人に分配してしまうような愚か者、が語源であるという説明もみられるようになる。しかし、これはあとから生まれたコジツケで、『古事記』に「上通下通婚《オヤコタワケ》、馬婚《ウマタワケ》、牛婚《ウシタワケ》、鶏婚《トリタワケ》、犬婚《イヌタワケ》」（仲哀条）という訓《くん》があるように、本来「タワケ」は性交（とくに不正な性交）の意味をもつ言葉だった。性に関する悪口では日本人はウブどころか、気づかないだけで、いまだに〝世界標準〟を維持しているのかも知れない。

さらにいえば、今日のタイトルにも掲げた、「おまえのカアちゃん、でべそ」。これは、「母開」が洗練されたものではないか、と私はひそかに睨《にら》んでいる。

「おまえのカアちゃん、でべそ」。子供が使う他愛のない悪口の一つとして、一般にも認知されているが、この言葉、そもそも、なぜ母親のでべそを指摘することが悪口になるのだろうか？　そして、なぜこの言葉を発する者は、相手の母親がでべそであることを知っているのだろうか？　いまはヘソの出た服やセパレートの水着を着る若いお母さんもいなくはないが、中世社会において、女性が人前でヘソを見られるような機会は皆無といって良かったはずだ。ならば、この言葉を発する者は、相手の母親の下腹部を見るという特殊な機会をもったことを公言していることになるのではないか？　「母開」に「母親の性器」という原義があったことを思い出してほしい。

――「おまえの母親の下腹部の状態をオレは熟知しているぞ！」

「おまえのカアちゃん、でべそ」には、そんな隠された卑猥な意味があったのではあるまいか。そのことを知ったいま、私たち現代日本人も上品に澄ましてはいられない。〝アンコウ〟などという太平楽な罵倒語と、〝母開〟や〝タワケ〟などという性にまつわるどぎつい罵倒語を相手と状況とで明敏に使い分けていた中世人のDNAを、私たちも案外ちゃんと受け継いでいるのかも知れない。

第2話　山賊・海賊のはなし

びわ湖無差別殺傷事件

インドの山賊

いまから三〇年近く前の学生時代、インドに一ヶ月ほど旅をしたことがある。そのとき、ある地方の街まで向かうのに、夕方から翌朝まで、境地の長距離夜行バスに夜通し乗らなければならなくなった。道はほとんど舗装されていないため車内の揺れは尋常ではなく、隣りの男の体臭も強烈で、真っ暗な車内で私はほとんど一睡もできなかった。窓際の席でもなかったから、退屈しのぎに夜空や夜道を眺めることもできない。しかも少し眠りに誘われると、きまって検問所や料金所にバスが停車して、せっかくの眠りが妨げられる。そんなことが深夜に何度も繰り返される。えらいところに来ちまったなぁ、と思いながら、翌朝、バスはどうにか目的の街に到着した。途中で何回か支払った有料道路代は運転手が頭割りに計算して、最後のバスステーションで乗客一人ひとりから追加徴収された。

数日後、再び来た道を同じ長距離バスに乗って帰ることになった。行きの反省から、帰りは朝に出発して夕方に着く昼間の便に乗車することにした。ところが、乗っていて、行きの道とのある違いに気づいた。数日前、あれほどあった検問所や料金所がぜんぜん無い！　バスは休憩用のドライブインまで、ほとんどノンストップである。ここは有料道路じゃなかったのか？　不審に思ったので、ドライブインで運転手にかたことの英語で問いかけてみた。するど、返ってきたのは驚愕の答えだった。

「ああ、あれは正規の料金所じゃないよ。山賊が勝手に建てた料金所なんだ。ここらには山賊があちこちにいるんだ。やつらは明るくなると警察の摘発を恐れて、ゲートや守衛小屋を片付けちまうんだ。だから、昼間はカネは取られない」

えぇ～！　あのときの係員は「山賊」だったのか！「山賊」といえば、私のなかでは髭づらで毛皮のベストを着た荒くれものという「まんが日本昔ばなし」に出てくる、あのイメージだったが、彼らはどうみても「有料道路公団職員」という風体《ふうてい》だった。じゃあ、そんないわれのない通行料なんて払う必要ないんじゃないか？

「いやいや、決められた料金を支払わないと、やつらは仲間を呼び集めてきて、大勢でバスを襲撃する。殺されたくなかったら、料金はそのつどちゃんと支払わないといけない。そのかわり料金さえ払えば、やつらは夜中でも安全にナワバリのなかを通してくれるんだ」
頭がクラクラしてきた……。山賊は料金所職員であり、料金所職員は山賊でもある。通行料は掠奪《りゃくだつ》に遭わないための山賊への賄賂《わいろ》でもあり、というか、払わないと襲撃されるんだから、それは事実上、定額化された掠奪でもある。乱暴なんだか律儀なんだか。およそ現代日本では考えられない異常事態に、若き日の私はとんでもないカルチャーショックを受けたのだった。

ちなみに、辺境ノンフィクション作家の高野秀行さんとの対談で、この話をしたところ、高野さんによれば、世界の辺境地域ではこんなことはいまも決して珍しい話ではないらしい（共著『世界の辺境とハードボイルド室町時代』集英社文庫）。

海賊は日本にもいた

そんな大学生の私が大学院に進学して「日本中世史」を勉強しはじめて、いちばん驚いたのは、このインドで経験したのと同じようなことが中世日本でも起きていたということだった。

室町時代の応永二七年（一四二〇）、日本にやってきた朝鮮国の使節宋希璟《ソンギヒョン》は、そのときの往復の航海の様子を紀行文として書き残してくれている。彼は京都で室町将軍に謁見《えっけん》した帰路、瀬戸内海の蒲刈《かまがり》（現在の広島県呉市）を通過するとき、地元の海賊の生態について、次のように記している（現代語訳）。

この土地には東と西に海賊がいる。東から来る船は東の賊一人を同乗させて行けば、西の賊はこれを襲わない。西から来る船は西の賊を一人同乗させて行けば、東の賊はこれを襲わない。

そこで、彼の船を引率していた博多の商人は銭七貫文を東の賊に支払って、東の賊のメンバー一人を船に同乗させて、その地を通行しようとした。七貫文は現在の貨幣価値にすれば、およそ七〇万円ほどであるから、決して安い金額ではない。交渉が成立すると、小舟が近づいてきて、東の賊の一人が彼らの船に乗り込んできた。その海賊は「私が来た以上はもう大丈夫。お役人方はご安心なされよ」と語ったという。

海賊や山賊というのは、いつの時代も、やみくもに掠奪目当ての荒っぽい暴力を振るうばかりの集団ではなかったのだ。だいいち、いつもそんなことをやっていてはビジネスとして効率が悪すぎる。多くの場合、関所のように、彼らのナワバリの通行を許可するかわりに通行料をせしめるというかたちで、金銭を徴収していた。瀬戸内の海賊の場合は、通行証明兼用心棒として海賊を同乗させるというシステムになっていた。これを当時の言葉で「上乗《うわの》り」といって、全国各地にふつうに見られる慣習だった。もちろん、それを拒めば暴力や掠奪をうけるわけだから、この慣習も海賊・山賊と紙一重のものだったといえる。

中世日本には、こんな怪しい関所や慣習があちこちにあった。当時、京都と大坂を結ぶ水運の大動脈だった淀川には三八〇ヶ所もの関所があって、それぞれ通行料を徴収していたといわれている（六一六ヶ所という史料もある）。もちろん地元の連中が勝手に建てたものである。淀川の京都〜大坂間の流路距離はわずか約四〇キロ。単純に計算すれば約一〇〇メートルに一ヶ所の割合で関所があったことになる。「インド人もビックリ」という言葉は、こういうときに使うのが正しいのだろう。ただ、さすがに一〇〇メートルごとに料金を徴収されてはかなわないので、おそらくさきの東の賊と西の賊の話のように、どこかの関所にまとめて通行料を支払えば、その系列の関所はフリーパスというシステムになっていたのだと思われる。

では、彼ら山賊・海賊たちはまったく無法なゴロツキ集団で、なんの根拠も無く他人の財産や命を奪っていたのか、というと、そういうわりでもなかったようだ。彼らが徴収する金品は、その土地の神々への捧げ物としての意味があったと考えられている。その土地を通行する以上は、その土地の神々に一定の金品を奉納するのが当然だというのが、彼らなりの言い分だったらしい。

たとえば、瀬戸内の海賊として最も有名なのが、村上海賊である。彼らは瀬戸内を通行する船に対して、一定の金銭の見返りに過所旗《かしょき》とよばれる通行証を交付していた。その現物は現在も二点伝わっているが、いずれも四角い布地の旗の真ん中に「上」の一文字が大書されている（35頁写真）。

この過所旗の「上」の字については、一般的には「村上」氏の「上」の字と理解されているようだが、「上」の字は動詞で「たてまつる」と読む。また、中世では神への捧げ物のことを「上分物《じょうぶんもつ》」といったり、「初穂《はつほ》」といったりしたが、古辞書によれば「上」の字には「はつほ」という読みもあるという。おそらく村上海賊の過所旗の「上」の字も、本来は神への捧げ物という語義が含意されていたにちがいない。つまり、その旗を掲げる船はすでに土地の神への捧げ物を納めた船、あるいは現在積まれている船の積み荷自体がすでに神への捧げ物と考えられ、村上氏配下の海賊からの襲撃を免《まぬが》れることができたのだろう。中世は「神仏の時代」であり、一見無法にみえる彼らの行動のなかにも、その時代なりのロジックが存在していたのである。

琵琶湖の「海賊」

当時、数ある海賊集団のなかでも、村上海賊と並んで有名だったのが琵琶湖に面した近江《おうみ》国堅田《かたた》（現在の滋賀県大津市）の海賊である（琵琶湖は海ではないので、厳密には「海賊」ではなく「湖賊」なのであるが、彼ら自身が「海賊」と自称しているので、ここではそれに従おう）。中世以来、堅田では琵琶湖に突き出した浮御《うきみ》堂《どう》というお堂が土地のシンボルになっており、浮御堂越しに見る琵琶湖の夕景は昔から「近江八景」の一つに数えられている（現在の堂は一九三七年再建）。では、なぜこの風光明媚《めいび》な堅田が海賊の一大根拠地になってしまったのだろうか。

それは滋賀県の地図を眺めてもらえれば、すぐわかる。琵琶湖は縦に延びた日本最大の湖で、中世では北陸から京都に向かう物資は、みな琵琶湖上の水運を利用して運搬された。しかし、この琵琶湖は堅田付近で、まるで紐《ひも》で縛られたように細くくびれている。広いところでは湖東と湖西の間の距離は約二〇キロほどもある琵琶湖だが、この堅田付近だけは湖東と湖西の距離はわずか一キロほどしかない。堅田から対岸はいつでも見通せる距離にある。そのため琵琶湖を運行する船は、必ず堅田の目先を通行しなければならなかった。琵琶湖を運行する船から通行料を徴収しようとする場合、琵琶湖の自然の関門となっていた堅田は、最良の場所だったのである。

村上氏の過所旗（山口県文書館所蔵）

　堅田自体は小さな町ながら、この立地を活かして、当時「湖九十九浦知行《ちぎょう》」といわれ、琵琶湖全域にわたる支配権を保持していた。この時期の堅田の風景を描いた『近江名所図』にも、湖畔の集落の端に、竹矢来《たけやらい》で囲まれた役所のような建物が描き込まれている（37頁）。そばには腰を低くしてその建物に近づく人物が描かれ、その手前には積み荷を満載した船が接岸されている。これは関所の建物と考えられ、琵琶湖を往来する船は必ずこの場で停船して、通行料を支払うことが義務づけられていたのだろう。もちろん支払わずに強行突破しようとした船は、狭い水道でたちまち拿捕《だほ》されてしまい、堅田の海賊衆からとんでもない制裁を受けることになる。中国の古典『水滸伝《すいこでん》』に、山賊たちが立て籠もる「梁山泊《りょうざんぱく》」という治外法権の沼沢地が描かれているが、まさに堅田の存在は「日本版梁山泊」といったところである。

大量殺人、そして……

さて、この町に兵庫《ひょうご》という名の青年がいた。この男も他の堅田の住人と同じく、周辺を通行する船から通行料をとったり、手広く水運業を行ったり、場合によっては海賊行為を働いたりして生計を立てていた。ある日、出羽《でわ》の羽黒山《はぐろさん》(現在の山形県)から一五人の山伏と一人の少年の一団が堅田に来訪した。彼らは少年を京都の総本山聖護院《しょうごいん》で出家させるための長旅の途中で、このとき兵庫の持ち船に乗って、琵琶湖を南下、淀川を下り京都をめざす予定となっていた。おそらく彼らは往復の旅費のほか、本山に納めるための、それなりの上納金も所持していたはずである。

こともあろうに兵庫は、その彼らの所持金に目をつけ、強盗を思いたったのである。その計画は非常に巧妙かつ残忍なもので、船が堅田を過ぎ、五〜六キロほど南の対岸、烏丸ヶ崎(現在の草津市)に差し掛かったところで、手下の者たちの武装船を送り込み、一気に彼らを皆殺しにするというものだった。

かくして、山伏一行の長閑《のどか》な船旅は暗転する。

人目のない岬の陰にまわりこんだところ、船は突如、不審な海賊船に進路を阻《はば》まれることになる。それに呼応し、いままで山伏たちを乗せていた船の船頭も海賊の正体を露《あら》わにする。船のまえには海賊、船のなかにも海賊。湖上はあっという間に阿鼻叫喚《あびきょうかん》の修羅場と化す。なかには、逃げ場を失い水面に身を投じる者も出る。しかし、水練に巧みな兵庫の手下の者どもは、ひそかに槍を構えて船底に潜り込んでいた。彼らは湖に飛び込み逃げようとする山伏たちを水中から一人ひとり槍で串刺しにしていく。血に染まる湖面――。船上にいた山伏たちはひとたまりもなく、わずかな時間で、そのほとんどが殺害されてしまった。

堅田の湖上関（『近江名所図』、滋賀県立美術館所蔵）

　最後に船上に残ったのは、出家を予定していた少年と、その後見役の僧侶の二人だけだった。死を覚悟した僧侶は、海賊たちに対して次のような懇願を行った。

「船頭殿に申し上げる。私の命はもはや惜しくはない。そのかわり、ここにいる、まだ一三歳の少年の命だけは助けてほしい……」

　これを聞いた船頭は「心得た」とはいったものの、次の瞬間、僧侶も少年も二人ともに殺害してしまう。なんたる非情だろう。現代であれば、琵琶湖周航船の運営会社が組織ぐるみで乗客一六人を船上で皆殺しにして金品を奪ったようなものである。被害者のなかに命乞いまでした未成年の男児も含まれていたとあっては、間違いなくたいへんなニュースになるであろう。山賊・海賊にもそれなりの正当性があり、社会的にもその存在は必要悪として許容されてはいたものの、やはり、ひとつ間違えば、このような悲惨な事件が日常的に起こりうるのが、中世社会の実態だったのだ。しかも、現代のような警察機構もなかった時代、被害者を皆殺しにしてしまえば、事件自体を闇に葬り去ることも可能だった。

しかし、「悪事、千里を走る」とは良くいったもの。皆殺しにしたと思っていた山伏たちのなかに一人だけ、死んだふりをして辛くも窮地を逃れた者がいた。彼は現場から逃げ出し、必死で二〜三キロ南の下笠《しもがさ》村（現在の草津市）までたどり着き、村人に助けを求める。これにより兵庫の凶悪犯罪はたちまち露見し、大量殺人の事実は山伏の総本山聖護院にまで知れてしまうことになる。憤激した聖護院側は事の次第を室町幕府に訴え出て、事態は一人の海賊の逸脱行為にとどまらず、堅田全体の責任を問う流れとなっていく。

事態の推移に慌《あわ》てた堅田の住人たちは、事件を起こした兵庫と、その父弾正《だんじょう》の行方を追う。そんなことになっているとも知らない兵庫親子は、琵琶湖の北端の村、海津（現在の高島市）にいた。おそらく彼らは琵琶湖を股に掛けた交易活動を展開しており、日夜、堅田にとどまらず、様々な琵琶湖の港湾をビジネスで飛びまわっていたのだろう。しかし、堅田からの飛脚で、わが子の犯した取り返しのつかない過ちを知った父弾正は、穏やかな口調で次のように語った。

「他人の身代わり、ましてわが子の身代わりに、わし一人が腹を切って、その首が京都に上ることになれば、堅田に災いが降りかかることもあるまい……」

そういって弾正は堅田に急いで戻ると、自分の屋敷に戸板や畳を用意して、冷静な様子で切腹を行い、みずから命を絶った。彼の首はすぐに京都に届けられ、これにより聖護院の怒りは宥《なだ》められ、以後、堅田全体に事件の責任が波及することはなかった。

しかし、自分の浅はかな行いによって父の命が失われたことを知った当の兵庫の衝撃は大きかった。世の無常を思い知った彼は、そのまま俗世を捨てて、遍歴の旅に出てしまう。そして近江の比叡山《ひえいざん》、紀伊の高野山《こうやさん》・根来寺《ねごろじ》・粉河寺《こかわでら》、大和の多武峰《とうのみね》など、全国六〇余州の霊仏霊社に足を運び、魂の救済を求める。ところが、「五逆十悪の罪人」である彼の魂を救済する寺社など、どこにも見つからなかった。そんな彼が最後に生まれ故郷の堅田の鎮守、大宮に戻り、百度詣でを行い、お籠《こも》りしていたところ、彼の夢のなかに神が現れる。その神の啓示するところによれば、本福寺《ほんぷくじ》を訪ねよ、とのことであった。はたして彼は本福寺に赴き、そこで浄土真宗に帰依《きえ》し、阿弥陀如来への信心に目覚めるのだった。その後の彼の信心の堅固さは並みのものではなく、「悪に強きものは善に強き」とは、まさに彼をこそ指し示す言葉であると噂された――。

「日本版梁山泊」を束ねた浄土真宗

以上は、堅田の本福寺（浄土真宗本願寺派）に伝わる戦国時代の記録『本福寺跡書《あとがき》』に記されている逸話である。しかし、この話、最後をイイ感じにまとめているようでいて、実のところ、現代人の私たち読者を戸惑わせるに十分な内容をもっている。

そもそも何の罪もない旅人を一六人も殺害しておいて何とも思わなかったのに、たった一人の身内の死によって世をはかなむとは、最後まで兵庫は自分勝手が過ぎるだろう。しかも、仏道への帰依の根本的な動機も、罪のない人々の命を奪ったことへの反省ではなく、父を死なせてしまったことへの後悔、もしくは自身の後生への不安があったようにしか思えない。要するに、最後まで彼に海賊行為への反省はうかがえないのである。しかし、それは彼ひとりの独善的な思考でもなかったようだ。その証拠に、この話を記録した本福寺の僧侶も、これを心温まるイイ話として紹介しており、そこに作者の躊躇《ためら》いはない。この逸話には、あえて兵庫の過去の罪業の深さを強調することで、そんな「悪人」すらも救済されるという浄土真宗の教義と、彼の帰依心の崇高さを際立たせる意図があったのだろう。しかし、それにしては、あまりにその闇が深すぎるのである。いったい、これをどう考えればよいのだろうか。

思うに、当時の人々にとって、人間の生命というのは、つねに等価とは限らなかったのだろう。生活空間の外部からやってきて通り過ぎていくだけの山伏や旅人のような人たちは匿名的な存在であり、通り過ぎれば、二度と生涯、出会う可能性もなかった。彼らがそのさきどうなろうが、知ったことではない。これに対して近隣住人や家族との間には、いまの私たち以上に濃密な関係が築かれていた。いざというとき、いちばん頼りになるのは同じ村や町の近隣住人や家族であって、彼らはつねに村や町あっての私、家あっての私だった。当然、彼らにとって、外来の旅人と内輪の知人では、その命の価値はおのずから異なるものとなった。旅人を何人殺しても悪びれるところのなかった兵庫が、たった一人の身内を失っただけで自我の不安に陥《おち》ったのも、無理からぬところであった。

とはいえ、私たちもそんな彼らの人間観を野蛮なものと軽蔑することは許されないだろう。海外の見知らぬ国で大規模なテロや事故が起きた際、決まって「この事件での日本人の犠牲者は確認されませんでした」などと臆面《おくめん》もなく報道されるテレビニュースや、それを聞いて少しほっとした気持ちになってしまう私たちの心性にも、それと似たものがありはしないだろうか？　私たちも知らず知らずのうちに「日本人」と「外国人」と、人間の生命の重さに一定の偏差を設けているのである。そう、中世日本人にとって、村や町の人と、その外部の人の間には、現在の私たちでいうところの「日本人」と「外国人」に似た、あるいはそれ以上の、小さからぬ隔たりがあったようなのである。この心性が、中世社会において、様々な悲喜劇を巻き起こしていくことになる。

なお、この事件を起こした兵庫が、最後に心の拠り所にした浄土真宗は、鎌倉時代に親鸞《しんらん》（一一七三〜一二六二）が興した宗派として広く知られている。親鸞時代にはさほど有力ではなかった浄土真宗であるが、この時期、親鸞の「悪人正機《あくにんしょうき》」（自力で功徳を積むことができない「悪人」こそがむしろ救われる）の思想が多くの人々に受け入れられ、一気に教線を拡大する。さらに戦国時代になると、その力は一向一揆として、世俗権力を圧倒するまでの勢いを示すようになる。

しかし、一方でそこに身を投じていった人々は、兵庫のような殺人をものともしない真の「悪人」で、しかも水運業に長《た》けて、首都圏の富の動きを一手に握るような逞《たくま》しい者たちでもあった。浄土真宗本願寺教団は、そんな全国各地の「日本版梁山泊」と、そこに拠る山賊・海賊的な人たちを束ねて組織化することに成功した。戦国大名や織田信長（一五三四〜八二）を震撼《しんかん》させた一向一揆の強さの秘密の一端は、そんなところにもあったのである。

第3話　職業意識のはなし

無敵の桶屋

親の職業

テレビの情報番組を見ていたら、三代続いた床屋さんで、しかも子供たち三人とも全員、理容師の道を歩んだお宅、というのが、物珍しげに紹介されていた。いまの時代、どこも自営業や個人商店というのは大変だ。親の家業を引き継ぐというのは、本人の意志がどうあれ、そう簡単にできるものではない。

それでも、少し前までは、学校のクラスに何人かは自宅がお店をやっている子というのがいたものだ。昭和五〇年代の東京では、だいたい友だちの一〇分の一ぐらいの家がお店をやっている家、というのが、私自身の皮膚感覚としても相場だったと思う。ところが、いまの小学校のクラスで、自宅がお店をやっている家というのは、はたして何軒あるのだろうか。まさに一億総サラリーマン社会である。

そんななか、いまも床屋さんの家業を守りつづけ、子供たちも親と同じ職業を選択したお宅の存在は、たしかに貴重である。番組のなかで、「どう育てたら、こんな立派な息子さんたちが育つんですか？」というリポーターの質問に、奥さんは「秘訣というわけではないけど……」と照れながら、こう答えていたのが印象的だった。

「どんなときでも、子供のまえで仕事のつらそうなところを見せない、というのは、大事ですかね。この仕事がお父さん、お母さんは楽しくて仕方ないんだ、というところを嘘でも子供に見せる。そうしたら、自然に子供たちも同じ職業を選んでいました」

この奥さんの指摘、意外に家業継承の秘訣を物語っている気がする。

子供は意外に親の言動を見ているものだ。親がつらそうにしている仕事に就こうと思う子はいない。逆に、親が誇りをもって邁進《まいしん》している職業には、子供もそれなりの畏敬の念をもつのは、当然というべきだろう。

個人的な話で恐縮だが、じつは私の実家も東京でそば屋を営んでいる。私はその家の長男なので、本当ならば家を継がなければいけないところなのだが、どういうわけかいまは大学教員になってしまっていて、実家の店は弟が継いでいる。そんな私の経験からも、この床屋の奥さんの言葉には思い当たるふしがある。

私の実家の店は戦前に祖父母が創業したもので、子供の頃、まだ健在だった祖母は店の〝創業者〟の一人として、自身の家業に揺るぎない自負と誇りをもっていた。いまでもよく覚えているが、その祖母がサラリーマンをさすときに使う「勤め人《にん》」という言葉には、若干の蔑視のニュアンスが籠められていた。

彼女にいわせれば、「勤め人」とは意に沿わないことでも上司の命令なら従わなければならない存在で、ときには自分が悪くなくても会社が傾けば、その地位を失う。それに比べれば、商売をやっている家は自分の裁量で、いくらでも商売を拡げることができる。それなりのリスクもあるが、自営業者は「一国一城の主」として「勤め人」にはない自由さを本質的にもつのだそうだ。

明治生まれの女性の逞しさ、というべきだろうか。そうした思想に子供の頃から馴染んできた私などは、「大学教員」というサラリーマン職に就いたことを、いまでも少し後ろめたく思うときがある。世間的には呑気な職業と見られがちだが、大学教員も、しょせんは「勤め人」。自分の意志や能力とは異なるところで組織は動いていき、ときに理不尽な組織の論理が「上」から強制されることもある。そんな場面に出くわすたびに、いまさらながら祖母の言葉を反芻《はんすう》し、「一国一城の主」としての自営業主への憧れが脳裏をよぎる。

「桶屋のオジサン」の別の顔

では、さかのぼって五〇〇年前のわが国の職業状況は、どのようなものだったのだろうか。

彼らは自分の職業にどのような意識をもっていたのだろうか。今日は、前話で「日本版梁山泊」として紹介した堅田の町を引き続き例にして、この町を往来した個性豊かな面々の素顔を見ていくことにしよう。

そもそも堅田は商工業者の町で、その住人も多種多様な職業に就いていた。堅田の一向宗（浄土真宗本願寺教団）寺院、本福寺に伝わる『本福寺跡書』には、本福寺で毎月一八日（前宗主存如《ぞんにょ》の命日）に行われていた念仏講（〝南無阿弥陀仏〟を唱えて供養を行う地域集会）の幹事名簿が載っている。

それをみると二月の幹事は研屋《とぎや》の道円、四月は油屋の法覚、九月は桶屋《おけや》の明善、一〇月は麴屋《こうじや》の太郎衛門、一二月は油屋の又四郎衛門と船大工の藤兵衛、という具合に、多くの商工業者が名を連ねている。彼らは念仏講などの寺の行事を出資・運営する幹部信徒であり、同時に門前に住む町人たちでもあった（道円や法覚は僧侶風の名前だが、彼らは頭を丸めた俗人である）。その他、別の『本福寺門徒記』という記録には、鍛冶屋《かじや》の慶法・太郎四郎兵衛・弥次郎、桶屋の又四郎衛門、豆腐屋の堅田宿新衛門、紺屋の小太郎・与三次郎、猟師の五郎太郎といった名前も見える。戦国時代の堅田の風景を描いた『近江名所図』を見ても、かなり賑《にぎ》やかに旅人や商人が往来する街路が拡がっている。堅田は間違いなく当時、国内有数の商業集落であった。

さて、そのなかでも、強烈な武勇伝をもち、集落のなかでも一目も二目も置かれていた男が、「堅田イヲケノ尉《じょう》」とよばれた人物である。彼は、その名のとおり堅田で「イヲケ」（結《ゆい》桶《おけ》）を製造・販売する桶屋であった。「尉」というのは老夫という意味なので、「イヲケノ尉」という名は「桶屋のオジサン」といったていどのニックネームと考えていいだろう。しかし、それは彼がもつ多くの顔のひとつに過ぎなかった。

彼は一方で「相撲《すまい》の行司《ぎょうじ》」も務めており、また「透波《すっぱ》の手柄師《てがらし》」ともよばれていた。「相撲の行司」とは、文字どおり相撲の行司役のことだが、当時の相撲は力自慢のヤクザものが身を投じる世界であって、その行司はたんに審判役というだけでなく、彼らを束ねる興行主のような存在でもあった。それに、「透波」とは盗賊団のことで、そのなかでも彼は「手柄師」とよばれ、ひときわ腕の立つ男であった。つまり、町ではふつうの気のいい桶屋のオジサンの顔をもちながら、他方でイヲケノ尉は力自慢の力士たちの取り束ねをしつつ、また闇の世界とも通じていて、盗賊団の稼ぎ頭でもあった、というわけだ。『本福寺跡書』によれば、おまけに彼は戦さの心得もあり、その名は遠く都にまで轟《とどろ》いていたとか。

湖畔のスーパーマン

寛正六年（一四六五）正月、一向宗のことをかねて憎々しく思っていた比叡山延暦寺の僧兵たちが、ついにその根拠地の大谷《おおたに》本願寺に武力攻撃を開始した（寛正の法難）。この時代、天台宗の総本山で日本仏教界の最高権威をもって任ずる彼らからみれば、特殊な教義を掲げる一向宗などは異端のカルト教団に過ぎないもので、早晩、退治を加えるべき存在と考えられていた。とりわけ大谷本願寺は京都の東山にある開祖親鸞が眠る墳墓の地であり、一向宗最大の聖地であった。

このとき、偶然にもイヲケノ尉は、現場の大谷本願寺に四〜五日間滞在し、第八世宗主の蓮如《れんにょ》（一四一五〜九九）の見ているまえで、桶作りの実演を行っていた。彼はまた一面で一向宗の熱烈な信者でもあり、この日は蓮如の眼前で得意の桶作り作業を見せる晴れがましい場でもあった。ところが、その長閑な場を比叡山僧兵らが急襲する。比叡山の正規の襲撃部隊の総数は一五〇人ほどだったが、その他に京都の市街地に住む近所の悪党どもがこの襲撃を聞きつけて、掠奪目当てで付き従っていた。

巨大都市となっていた室町時代の京都には、つねに怪しげな半グレ集団が闊歩していて、彼らは何か事が起こると、それに便乗して火事場泥棒的・愉快犯的に破壊と掠奪を繰り広げるのが常だった。このときも正規襲撃部隊以上の無関係の暴徒たちが大谷本願寺に襲いかかり、あたりは瞬《また》く間に大混乱となった。

まさか襲撃があるとは思いも寄らなかった門番たちは、門にかんぬきも差さず、昼寝の真っ最中。そこを襲われたのだから、ひとたまりもない。正規の襲撃部隊の最大の目的は蓮如の身柄の捕縛にあった。彼らは早々に蓮如の長男順如《じゅんにょ》を拘束したものの、幸いにも正珍という僧侶を蓮如と誤認して一緒に連れ去ってしまう。一方、ハイエナのような火事場泥棒集団は、かたわらで「我も我も」と寺内の財宝を物色する。しまいにはそれだけでは飽きたらず、報《しら》せを聞いて続々と応援に駆け付ける一向宗信徒たちの煌《きら》びやかな鎧や刀に目をつけて、「みごとな太刀だ」と、ゲジゲジのような隊列行進をして、舌なめずりをして襲いかかろうとする始末。

　このとき、たまたま蓮如の御前にいたイヲケノ尉は、とっさに機転を利かせ、蓮如を捕縛して引っ立てるそぶりをして門外に出る。イヲケノ尉も、元を正せば彼ら都の半グレ連中とは馴染みの仲。連中もイヲケノ尉の顔と武名は承知していたから、彼を仲間と思って「はやく連れ出せ、連れ出せ」と蓮如ともども寺外へ通してしまう。これにより、イヲケノ尉は混乱に乗じて蓮如を脱出させることにまんまと成功する。

　その後、彼は単身で無法者集団のまえに立ち戻り、ここが正念場と心得て、東西南北に響き渡る大声で、こう怒鳴りあげた。

「都のヤツら！　ちょっとでも無礼なまねをしてみろ。わが手にかけてあの世に送ってやるぞぉ！　これから手に手に松明《たいまつ》を持って京の町々におどり込み、おまえらの家々に火をかけて、その煙のなかで闘い抜き、最期は切腹して果ててやる!!」

　最初は面白半分で掠奪に加わって飛び跳ねまわっていた京の町のチンピラ連中も、この大音声に、一瞬で凍りついた。イヲケノ尉の恐ろしさは、誰もが知っている。「ほんとに火をつける気だ……」と怖気《おじけ》づいた彼らに、さらにイヲケノ尉は罵《のの》り続ける。

「どうした！　こっちに向かって来るヤツは、五人だろうが一〇人だろうが踏み倒して、オレの槍先にかけてやるぞ！」

　もうこうなると、もともとが比叡山の動きに便乗した烏合《うごう》の衆だけに、てんでだらしがない。彼らは慌てふためいて退散し、この混乱はイヲケノ尉の胆力で、とりあえずの収束をみることとなった。その後、イヲケノ尉はさらに順如の弟実如《じつにょ》を連れて大谷本願寺を脱出し、蓮如の疎開先まで無事に彼を送り届ける功績を果たしている。

イヲケノ尉の活躍は、その後も続く。大谷本願寺を壊滅させただけでは満足しない延暦寺は、翌年以降も近江国の一向宗の拠点に弾圧を続けたのである。このとき一向宗が最大の抵抗拠点としたのが、金《かね》が森《もり》（現在の滋賀県守山市）の寺内町《じないちょう》だった。彼らは町を要塞化して、三〇〇の敵を相手に信仰を守り、頑強な抵抗をみせる。もちろん我らがイヲケノ尉も密かにこれに合流し、戦闘に加わっていた。戦場では、イヲケノ尉は延暦寺側の大将、守山の日浄《にちじょう》坊《ぼう》を討ち取り、攻め手を退ける一番手柄をあげている。ちなみに、この金が森の戦いは、史上最初の一向一揆として、歴史にその名をとどめている。

しかし、既存の仏教勢力や政治勢力との対決を望まない蓮如は、意外にも、この戦果を喜ばなかった。蓮如は延暦寺と妥協する道を選択し、籠城軍に対して金が森の武装を解除して、その地を延暦寺に明け渡すようにという非情な命令を下したのである。

宗主の命令とあれば仕方ない。籠城軍は金が森の要塞にみずから火をかけ、延暦寺に降伏する。無念のイヲケノ尉は、包囲陣をかいくぐって金が森から脱出する。対延暦寺の強硬派であった彼の身は延暦寺が最も付け狙うところであったし、籠城中の奮戦で、すでに彼は身体に三ヶ所の重傷を負っていた。しかし、そんなお尋ね者として窮地にある彼を、堅田の同じ西浦に住み、日頃から彼の面倒をみていた松田某という男が、身を挺《てい》して匿《かくま》うことを申し出る。堅田では、こうした親分と子分のような義俠心《ぎきょうしん》で結ばれた人間関係が張りめぐらされていて、いざというとき、それがセーフティー・ネットとして機能していたようだ。

松田は、イヲケノ尉が来宅すると聞くと、彼の武勲を賞して、たいへんなご馳走を用意して臨んだ。琵琶湖で獲れたフナの汁に、琵琶湖名物のフナ鮨。それにフナのナマスを載せた飯という、豪勢なフナのフルコースである。すると、満身創痍《そうい》で現れたイヲケノ尉は、それらを残さず平らげ、さらに空いたご飯茶椀に清酒を三杯も飲み干して、平然とした様子だったという。さすがに食べきれぬだろうと思って用意した膳であったが、それをペロリと片付けたイヲケノ尉に、松田はただ呆れるばかり。のちに周囲の者たちに「金が森の戦闘であいつが三ヶ所の傷を負ったと皆がいうのは、あれはきっとウソにちがいない」と語っていたという。まったくスーパーマンのような男である。

ちなみに彼は、毎月一八日の念仏講の一二月の幹事として『本福寺由来記』にその名が見えるが、その後に書かれた『本福寺跡書』になると、それが見えなくなる。おそらく『由来記』と『跡書』が書かれる間に死去したものと思われる。しかし、桶屋の家業は、弟の又四郎衛門、その子の弥六衛門へと、その後も受け継がれていったことが確認できる。

百姓のプライド

サムライも顔負けの武勇と胆力を誇る彼のような存在が、この時代の町や村にはゴロゴロ転がっていたのである。しかも、彼らの表向きの職業の多くは研屋だったり、油屋だったり、ふつうの商工業者であった。

あらためて堅田周辺の町々を見わたしてみても、不倫相手の人妻を殺害して元の土地にいられなくなり、海津で商人宿を営みながら本福寺を陰ながら支援した浄賢は、イヲケノ尉と同じく桶屋の主人だった。また、応仁三年（一四六九）正月、堅田が延暦寺から軍事攻撃をうけ被災した際に、わざわざ大津から夜中にいくつもの関所を突破して単身で船を漕いで親鸞上人の絵姿を救いに来た道覚は、大津で奈良屋という店屋を営む商人だったようだ。本福寺に残る史料だけ見ても、強烈なキャラクターをもつ商人・職人には事欠かない。では、いったい彼らは自分の職業をどのようなものと考えていたのだろうか。

江戸時代の身分関係を示す言葉として、学校などで「士農工商」という歴史用語を習った人もいるだろう。この「士」→「農」→「工」→「商」は偉い順で、支配階級である武士を頂点として、生産に従事する農民がその次に偉く、彼ら自身は何も生産しない商人は最下層に位置づけられた、というような説明もしばしばなされる。しかし、じつはこの説明、まったくのデタラメなのである。

「士農工商」は、中国の古典に由来する言葉で、本来の意味は「あらゆる職業の人」とか「全国民」といったものなのである。その順番には何の上下関係もない。江戸幕府の成立以前から存在する言葉であって、決して江戸幕府の政策スローガンでもないのである。

だから、当時も江戸時代の人々も、決して職人・商人を武士や農民の「下」にある身分とは考えていなかった。それどころか、『本福寺跡書』のなかには次のような文章も見える（現代語訳）。

①農業ほどつらい職業はない。
②鍛冶屋は、飢饉の年に鎌・鉈《なた》・古鉄などを安く買い入れ、鋤《すき》・鍬《くわ》・鎌・鉈にして金持ちに売るものだ。鎌は毎月消耗するものだから、仕事は無くならない。
③桶屋は、毎年桶の枠が腐るから、飢饉の年でも仕事が無くなるということはない。
④研屋も、飢饉の年は、良い刀が安い値で売り出されたのを仕立て直し、金持ちに売るものだ。
⑤大工も、飢饉の年ほど（物価や人件費が値下がりするので）金持ちは盛んに建築をするものだ。

このあとも話は塩屋・瓜屋・米屋……と続くが、いわんとするところは、明快だろう。農家は天候に左右される仕事で、なにかと不安定な生業だが、商人・職人は不況のときは安い物価と人件費を利用して原料や労働力を仕入れて、裕福な者の需要に応えることで利益をあげることができる。まことに商人・職人は手堅い仕事である。『本福寺跡書』は、その最後を「だから、そうした人たちを檀家《だんか》に持てば、いざというとき寺にとっても頼りになるのだ」という教訓で結んでいる。そこには商人・職人を卑しい職業とする意識は微塵《みじん》もない。むしろ、そうした人々を教団の支持基盤とするメリットが強調されている。

さらに『本福寺跡書』には、次のような威勢の良い記述までが見える（現代語訳）。

諸国の百姓には、みな主人をもたないよう、もたないようとする者が多くいる。……それに比べて、主人から施された飯で口を汚し、主人のそばに控えて冷たい板敷をただ温めるしか能のない侍たちは、貴人から接待されるということもないだろう。しかし、侍のように主人をもつことのない百姓や町人は、貴人のまえでも堂々と接待をうけることができる。なぜなら百姓は王孫（天皇の子孫）だからである。

ここでは、主人に仕える侍たちを徹底的に軽蔑し、それに比べて主人をもたない百姓（ここでは農民に限らず一般庶民の意味）は誰にも諂《へつら》う必要がない自由な立場にあることが、じつに誇らしげに語られている。しかも、そうした百姓たちのもつ根源的な自由さは、百姓が「王孫」であることに由来すると断言されている。百姓はみな天皇の子孫であり、誰に頭を下げる必要もない存在なのだ。ここには武士を支配階層として社会の頂点に据えて、農民・職人・商人をその「下」に位置づけるような発想はない。むしろ逆に、武士を百姓よりも「下」にみるプライドすらがうかがえる。

これは堅田や本福寺だけに芽生えた特殊な思想ではなく、どうも中世社会に一般的にみられる考え方だったらしい。その証拠に、百姓たちは公文書で自分の身分を名乗るときには、きまって「御百姓《おひゃくしょう》」と書くことになっていた。ここには「百姓」が天皇に直結する潜在的に高貴な身分であるという自意識が反映されているようだ。こうした多分に幻想を含んだ民衆思想のことを、研究の世界では「御百姓意識」とよんでいる。

また、「冷たい板敷をただ温める（冷え板を温める）」という言葉は、室町時代に生まれた狂言などにも、主人に隷従する侍を侮蔑する形容詞として、たびたび出てくる（「筑紫の奥」「昆布柿」など）。これなどは、冒頭で述べた私の祖母がサラリーマンを指していっていた「勤め人」という言葉を思い起こさせる。いまなら「机にかじりついて」とか、「パソコンとにらめっこして」といったニュアンスだろうか。実際、現在はほぼ死語となっているが、わが国では古来「すまじきものは宮仕え」という諺《ことわざ》もある。辞書によれば、「人に仕え、人に使われるということは頭を押さえつけられたうえに気苦労が絶えないもの。だから、なろうことならすべきではないということ」だそうである（学研『用例でわかる故事ことわざ辞典』）。私も含め、思い当たる人も多いことだろう。

世間的には、まだまだ農民や百姓という虐《しいた》げられた身分という先入観が強い。百姓から天下人に成り上がった豊臣秀吉（一五三七〜九八）の一代記『太閤記』の影響などもあって、戦国時代の人々といえば、誰もが被支配階層である百姓身分から抜け出して、支配階層である武士身分に上昇したいという憧れをもっていたと信じられている。しかし、中世の人々は武士を必ずしも尊敬したり羨《うらや》ましくは見ていなかったし、まして「士農工商」と俗にいわれるような身分序列意識などもっていなかったのである。

今日みてきたイヲケノ尉の誰をも恐れ憚らない痛快な奔放さも、そうした社会意識のなかから生まれ出たものと考えるべきだろう。

文亀二年（一五〇二）一二月、和泉国《いずみ》（現在の大阪府南部）の荘園では、そこに滞在する荘園領主が京都での生活費を百姓たちから借り上げようとしていた。そのことを知った百姓たちは、かつては都で関白も務めたこともある領主に向かって、昂然《こうぜん》と次のようにいって、食ってかかった（現代語訳）。

「たとえ形だけであろうとも荘園にいてこその領主であり、だからこそ我々もそうした領主に奉公をしようというものだ。しかし、この乱世に荘園の富を都に吸い上げようなどというのは、とても領主として正しい行いとは思われない。それだけの費用があるなら、荘園を守るための軍兵の一人や、矢や盾の準備にでも充てるのが、領主の務めであろうに……」

ここでは「土地を守るのは領主の役目である」という考え方を前提にして、「領主がその役目を果たしているからこそ、百姓は奉公をするのだ」、逆にいえば「その役目を果たさない領主に、百姓は従う謂《い》われはない」という力強い論理が展開されている。荘園領主や武士に無制限に奉仕するのではなく、両者の関係を保護と奉仕のドライなギブ・アンド・テイクの関係ととらえるのが、この時代の百姓たちだった。こうした関係性を構築するうえで、彼らのもつ自尊心、職業に対するプライドが大きな役割を果たしたであろうことは想像に難くない。

「鯛の尾より鰯の頭」。「鶏口《けいこう》となるも牛後となるなかれ」。大きな組織に属することに価値を置き、そのなかで自己を殺すことを厭《いと》わない私たちよりも、中世の庶民は独立独歩、独立自尊に何よりも高い価値を見出していたようである。

第4話　ムラのはなし

〝隠れ里〟の一五〇年戦争

要塞化したムラ

琵琶湖のいちばん北の奥に、菅浦《すがうら》という集落がある。住居表示でいえば、滋賀県長浜市西浅井町菅浦。湖岸に突き出た岬に七〇軒ほどの世帯が肩寄せ合って貼りついた小さな漁村である。最近、その古い家並みが「日本遺産」に認定され、一部の人に〝奥琵琶湖の隠れ里〟として知られるようになった。とはいえ〝隠れ里〟の名のとおり、そこに足を運ぼうと思っても、最寄りのJR永原駅からは一日四本のコミュニティーバスが走るだけの、お世辞《せじ》にも決して便利とはいえない土地である。

私がこの村を一人旅で訪れたのは一八歳のときのこと。フィールドワークのなんたるかもわからないまま、名前だけを知っていたこの地に足を運び、集落のなかの民宿にひとり泊まって、ただ途方に暮れたのを憶《おぼ》えている。以来、何度訪れたかわからないが、私のなかで「中世村落」の心象風景は、この集落とその歴史から形作られている。

大正時代、集落の氏神・須賀《すが》神社に伝わる「開けずの箱」のなかから、一二〇〇点あまりの古文書が発見された。これが中世村落の実態をいまに伝えて名高い『菅浦文書《もんじょ》』（国宝）である。隣村の大浦（大浦下荘《しものしょう》）と菅浦のあいだには日指《ひさし》と諸河《もろかわ》という田地があり、二つのムラはその帰属をめぐって長い争いを展開していた。『菅浦文書』中には、そんな血なまぐさい死闘の歴史の記録が数多く残されているのだ。

二つのムラの日指・諸河をめぐる衝突は、『菅浦文書』で確認できるかぎり、鎌倉時代の永仁三年（一二九五）の秋にまで遡る。以後、互いの憎しみは消えることなく、断続的に戦闘は行われ、室町後期まで対立は延々一五〇年以上にわたって続く。なかでも激しい衝突のあった文安二〜三年（一四四五〜六）と寛正二年（一四六一）の二度の紛争は、まるで『平家物語』や『太平記』を思わせるような軍記物語を、菅浦の人々自身がそれぞれ書き残していて、当時のムラ争いの苛烈《かれつ》さを語り伝えてくれている。

いまでも菅浦を訪れると、静かな家並みに混じって、集落の東西に茅葺《かやぶき》の門が立っている。これは「要害門《ようがいもん》」とよばれ、かつてはムラの外部からの来訪者をチェックするための関門で、戦闘になればこれを封鎖して集落全体を要塞化するためのものだった。〝奥琵琶湖の隠れ里〟

菅浦は、そんな激烈な〝戦うムラ〟の面影をいまもとどめているのである。
今日は、そんな当時の人々が書き残した二点の「ムラの合戦記」の内容を読んでみよう。

ムラとは何か？

急にムラといわれてもピンとこないと思うので、最初に基本的な説明をしておこう。平安時代以降、中世の地方社会での百姓たちの主要な活動舞台は「荘園」と「公領《こうりょう》」の二種類だった。荘園とは都などに住む貴族や寺社が支配する地方の土地のことで、公領とは地方の国府（朝廷から任じられた国司の役所）が支配する土地のことである。しかし、これらはいわば行政区画であって、実際にその土地に生きる人々の生活実態とは必ずしも一致していない。たとえば畿内の荘園のなかには、百姓一人に対して田地を一～三町ずつに均等に割り付けて年貢を徴収する荘園（均等名《きんとうみょう》荘園という）などもあったが、もちろん、これは現実の百姓経営規模とは一切対応していない。あくまで年貢徴収のための便宜的な編成なのである。実際の百姓たちの生活は、この「荘園」や「公領」という制度の外皮に隠れていた生活共同体、つまりムラを基礎単位にして展開していた（ただ、この頃のムラがどんな実態であったのかは、まだあまりよくわかっていない）。

やがて鎌倉時代中頃から室町時代になると支配制度としての荘園や公領が弛緩《しかん》していくのにともなって、生活共同体としてのムラがしだいに歴史の表舞台に浮上してくる。これが戦国から江戸時代を経て、荘園制に代わる公的な地位を獲得すると、私たちがよく知る江戸時代の地域共同体である「村」につながっていくのである。

江戸時代の「村」といっても大小様々あるので、一概に語ることはできないのだが、現在も住居表示で使われる「大字《おおあざ》」という単位がある。あの大字の範囲が江戸時代の村の領域を受け継いでいると考えてもらって、おおよそ間違いない。大字といわれてもわからない人は、住居表示で「××県○○市△△三丁目……」と書くうちの「△△」(何丁目の前につく地名)がかつての大字であることが多い。皆さんのご近所のスケールで想像してもらえれば、江戸時代の村の規模があるていどイメージできるのではないだろうか。それぐらいの領域におよそ四〇〜五〇軒ぐらいの家(人口約四〇〇〜五〇〇人)が寄り集まっているのが、江戸時代の標準的な村である。

さて、室町時代は、ムラがまだそんな公的な地位を獲得するまえ、ムラとムラの領域も明確ではなく、地方社会の力関係はなお混沌としていた頃である(だから、ここでは漢字で「村」と書かずに、あえてカタカナで「ムラ」と書こう)。とはいえ、人々が生きていくためには他に頼るものはない。そんななかで、個人では解決できない領主との年貢などをめぐる問題や隣接するムラとのもめごとを解決するため、人々は近隣の住人と連携するようになっていったのである。

ムラ連合 vs ムラ連合

じつは菅浦というムラも、最初から独立したムラではなかった。永遠のライバルである大浦との訴訟文書を読むかぎり、彼ら自身は頑《かたく》なに否定しているものの、もともと彼らは大浦の一部を構成する小集落だったようだ。それが鎌倉時代中頃までに独立をめざして立ち上がったのが、一連の紛争の原因だった。つまり、菅浦と大浦の一五〇年戦争は対等な二つのムラの衝突というよりは、菅浦による大浦からの独立戦争という意味合いをもっていた。独り立ちを志向する菅浦の人々と、それを阻止して、これまでどおり菅浦を従属させようとする大浦の人々。そして、その対立の焦点が二つのムラの中間にある日指・諸河という田地の奪い合いだったのである。

　きっかけは一通の書状だった。文安二年（一四四五）三月、大浦は菅浦に対して、領有する山林への立ち入りを禁じる通告を一方的に寄こしてきた。これに過敏に反応した菅浦側は「ならば日指・諸河にも大浦住人は立ち入るな」と、六月八日、同地に足を踏み入れた大浦住人七人を拘束して、その持っていた鎌七本を没収。これをうけて同日、大浦側も、ちょうど大浦にやって来ていた菅浦の舟一艘《そう》を拿捕。やられたら、やりかえす。まずは生産手段の差し押さえの応酬《おうしゅう》というかたちで、それぞれの牽制《けんせい》が始まる。

　七月二日、菅浦の若者たち二〇〜三〇人が通告を無視して大浦の山林に侵入。大浦側と小競り合いの末、全員が舟に戻って、混乱する大浦側を一同であざ笑いながら引き揚げた。「ムラの合戦記」では、若者たちは三月の大浦側からの立ち入り禁止通告を知らなかったと言い訳が記されるが、そんなはずはない。これは明らかに大浦側に対する挑発行為だろう。

　怒り心頭に発した大浦側は、琵琶湖周辺の海津東浜・今津・堅田・八木浜といったムラに応援を呼びかけ、ついに七月四日昼に菅浦に総攻撃をかける。大浦の本隊は裏手の山から攻撃し、堅田・八木浜は数十艘の舟で湖面を包囲する。このとき菅浦の例の「要害門」は火をかけられて炎上し、集落内の家屋二軒も全焼した。

六日後の七月一〇日。こんどは報復に菅浦が大浦に総攻撃をかける。菅浦側の味方は八木の公文殿（荘園の管理職）・安養寺殿などの武士や、河道・西野・柳野・塩津・飯浦《はんのうら》・海津西浜などのムラだった。左の地図を見ると、二つのムラの紛争がほぼ湖北の全域を巻き込んだ対立に発展してしまっていることがわかるだろう。

「ムラの合戦記」には、このときの菅浦支援軍の動向が次のように詳細に記されている。湖岸から上陸を敢行した海津西浜の人々は六人が戦死し、さらに上陸後に中二郎という者も落命する。飯浦と塩津は到着が遅れて戦闘に間に合わなかった。柳野の中峰殿という武士は奮戦し、激戦のなかで一族九人もが命を落とす、などなど。

どこのムラが役立たずで、どこのムラが活躍したか。それを詳細に書き留めることで、次に似たような事態が起きたときの協力の指針にしようというのだろう。自分たちのムラが苦境にあったときに命を捨てて助けてくれたムラには、次に似たような機会があれば率先して助けてやらなければ申し訳が立たない。ムラ同士の相互協力は、たがいの「貸し」「借り」の積み重ねで成り立っていたのである。

援軍の協力もあって、この年の秋の日指・諸河の実りは、なんとか菅浦側に収められるところとなった。このあと両者の対立は、共通の領主である京都の公家の日野家のもとに持ち込まれ、法廷闘争へと様相を変える。

耕作をめぐる死闘

ところが、翌文安三年（一四四六）三月一六日、京都での裁判が進行中にもかかわらず、菅浦の平三という男が山中で大浦の者によって殺害され、浜では菅浦の舟が一艘、大浦によって奪われてしまう。さらに四月八日、大浦側は大勢で日指の田地の耕作に乗り出す。季節は、そろそろ田植え前の田起こしの時期である。これを知った菅浦側は慌てて日指に出て、大浦側を追い散らし、彼らが耕した田を再び耕し直すという行動に出る。

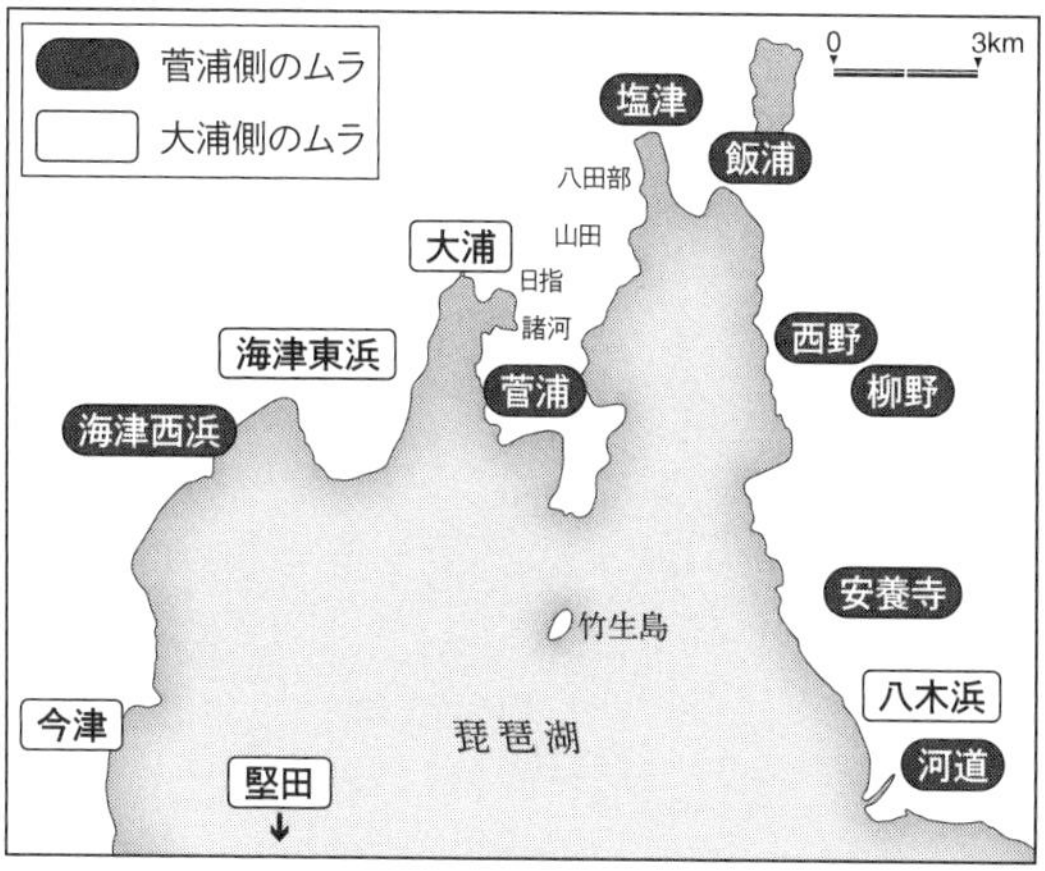

急を知った大浦側には応援軍が投入され、あわせて総勢一〇〇人ぐらいの勢力になった。やがて大浦も菅浦もともに日指周辺に「陣」を張り、弓矢を持ち出して「矢合戦」となる。射撃戦は、日指の背後に聳《そび》える山田峰という山の頂きを舞台にして激しく繰り広げられた。この戦いでは、大浦軍一〇〇人に対して菅浦は一〇人ほどであったが、

菅浦側はかなりの善戦をし、ついに五藤三郎という男が大浦のリーダーである八田部《はたべ》の彦大夫に矢を命中させ、「討」ち取る。「陣」「矢合戦」「討」という言葉からもわかるように、ここで使われている用語は当時の武士たちが戦場で使うものと何ら変わりない。敵の大将を討ち取る一番手柄をあげた者の名前を書き記すあたりも、まるで軍記物語である。ムラの戦争は規模も性格もサムライたちの合戦になんら劣るものではなかったのだ。

ついで五月一四〜一五日頃、こんどはちょうど麦の収穫の季節である。大浦側は懲りずに日指に隣接する赤崎の麦を公然と刈り取る。すると、菅浦側は報復として同月一九日に護衛船団を組織して大浦領内の麦を公然と刈り取り、あわせて三月一六日に奪われた舟の仕返しとして、大浦の舟二艘を奪いとる。もう、こうなれば全面戦争である。

五月二〇日には、大浦は武装して赤崎で刈り残した麦を刈りに現れ、菅浦はこれに攻撃を加える。二五日には、菅浦が田植えを行った日指の苗を大浦側が踏み返し、そのまま大浦軍は「堀切《ほりきり》」（塹壕《ざんごう》）に立て籠もり、菅浦の「陣」とにらみ合いになる。にらみ合いは午前八時から午後四時まで続いたが、やがて海津東浜の援軍の到着を待って、大浦軍は総攻撃を開始する。大浦側は「数万騎」、対する菅浦側は「七・八〇人」だったが、矢を射つづけ、ついに午後七時には敵を追い落とす。大浦の死者は六〜七人、菅浦の死者はゼロという「高《こう》名《みょう》」だったという。

「合戦記」では大浦側の規模をことさらに誇張しているところがあるので、ここで挙げられている数値をとても信じるわけにはいかない。ただ、大浦側の軍勢が「数万騎」と書かれていることに注目すれば、少なくとも彼らは騎馬に乗った軍勢だったことがわかる。「弓矢」「陣」「堀切」「騎（馬）」……。彼らのやっていることはムラ同士の小競り合いというレベルを越えて、ほとんど合戦絵巻のスペクタクルである。

合戦の代償

その後も復讐の連鎖は続く。大浦の三人が浜辺などで殺された報復として、七月九日、東近江に出かけていた菅浦の平二郎・平三郎兄弟と清別当《せいべっとう》、二郎太郎《じろうたろう》という四人が殺害される。大浦が殺し屋を雇って手を下したのだった。繰り返される地獄のような復讐の輪廻《りんね》。これを知った菅浦の若者たちは、またも勇み立ったが、現在、裁判が日野家を越えて室町幕府で審理中であることを理由に思いとどまり、以後は幕府裁判の行方が注視されることとなる。なお、ここでわざわざ「合戦記」で、若者たちが裁判中であることを理由に実力行使を断念した、と断ってあるのがミソである。これは、菅浦側が一貫して合法的な行動をとっていることを、ちゃっかり強調するための文飾と見るべきだろう。

そして裁判の結果、急転直下、菅浦は勝利を収め、日指・諸河は菅浦の領有が認められることになる。菅浦のウラでの政界工作が功を奏した結果だった。文安六年（一四四九）二月に記された「合戦記」の末尾は、現代語に訳すと、次のような文章で締めくくられている。「勝って兜《かぶと》の緒《お》を締めよ」。そこには勝者の自信と、未来への具体的な教訓が書き記されている。

今後も、もしこのような紛争が持ち上がったら、こうして京都の政界にも工作して、ムラも勇敢に強く持ちこたえなければならない。万一、大浦を攻撃するときは、山側から攻めるのではなく、兵が多くても浜側から二手に分かれて敵を一方に追い込むようにして攻めると良い。七、八〇歳の老人も弓矢をとり、女たちも水を汲《く》み、盾を担いだのだ。今後も同じように振る舞うのが大事である。京都政界への工作費用は二年間で二〇〇貫文（現在の約二〇〇〇万円）、ムラの兵粮は米五〇石、酒代（援軍への礼金）は五〇貫文（現在の約五〇〇万円）である。この支出にムラは困窮して、しばらくは借金に苦しめられるだろう。今後の心得として、ここに書き記し置く。

これが、『菅浦文書』中に残された二点の「ムラの合戦記」のうちの一点に書かれた事件の顚末《てんまつ》である。現代の私たちは「ムラ」と聞くと、高齢化と過疎化が進んだうら寂しい寒村を連想してしまうが、中世のムラはなかなかどうして立派な戦闘組織で、ときとして血気にはやる若者たちがその激烈な活動を支えていた。

次頁の表は「合戦記」に書かれた情報をもとに、丸一年の戦闘で菅浦・大浦双方でどれだけの犠牲者が出たのかをカウントしたものである。「合戦記」にすべての死者数が書かれているとは限らないが、書かれているだけでも菅浦側一一人、大浦側一〇〜一一人もの人々が命を落としたことになる。当時の菅浦の成人男性数が一四〇〜一五〇人ぐらいであることを

文安２〜３年菅浦・大浦合戦戦死者数

	菅浦	大浦
文安２年７月10日	海津西浜援軍６人 中二郎１人 柳野中峰殿９人	
文安３年３月16日	平三１人	
４月８日		八田部の彦大夫１人
５月25日		６〜７人
６月15日		八郎三郎・藤九郎２人＋１人
７月９日	平二郎・平三郎・清別当・二郎大郎４人	
合計	21人	10〜11人

※『菅浦文書』をもとに著者作成

考えても、相当な規模のダメージである。

ちなみに、紛争の焦点となった日指・諸河は谷のあいだを切り拓いた猫の額ほどの土地で、その田地はあわせて四町五反（約四・五ヘクタール）ほどしかない。東京ドームにして、わずかほぼ一個分。私は初めて現地を訪れたとき、一五〇年にもわたって二つのムラの争奪の的となった、その土地のあまりの狭さに驚嘆した。それでも山がちで田地が少ない菅浦にとって日指・諸河は生命線で、なんとしてでも保持する必要のある場所だったのである。よく高等学校の日本史教科書などでは、室町時代に「惣村《そうそん》」（自治村落）が出現する要因として、村人たちが経済的な力をつけてきたことを挙げるが、実態はむしろ逆で、少なくとも菅浦の場合は経済的に厳しいからこそ連帯しているといったほうが正しい。

こうした狭小な土地をめぐる熾烈な対立も、決して当時においては異常なことではなかった。その証拠にさきの地図で示したように、双方のムラにはそれぞれ多くの周囲のムラが支援にまわっており、それらのムラも相応にこの紛争に介入している。しかも、このうち海津については、西浜が菅浦側につき、東浜が大浦側につき、内部で支援が分裂している。おそらくムラの内部でかねてから西浜と東浜の対立があり、それが今回の支援に際して対応を別れさせてしまったのだろう。八木浜についても、一般住人が大浦側に味方したのに対し、隣接する八木で公文職を務めていた武士は菅浦側に味方している。これも、一般住人と荘官との日常的な対立が背景にあったのだろう。

どのムラもみな独自の政治問題を抱えており、他地域の紛争への介入に際して、そうした問題がそのまま持ち込まれることがありえたのである。実際、海津西浜と東浜はどちらのムラもそれぞれの側で積極的な活躍を見せており、逆に周囲と特に対立関係のうかがえない飯浦と塩津は支援にも消極的で、戦闘にも遅刻して間に合わなかった。菅浦と大浦の紛争は、たまたま『菅浦文書』という希有な文書群が残されたために有名になっただけで、きっと当時、似たような緊張関係は列島内であちこちに見られたにちがいない。

代官暗殺計画

菅浦と大浦の紛争は、いったん幕府の裁定で決着するかに見えた。しかし、政界工作で遅れをとって敗れた大浦の恨みは増すばかりだった。双方のムラの領主であった日野家は、松《まつ》平益親《だいらますちか》という武士を代官として派遣して、二つのムラを支配していた。大浦側はこの松平を

「菅浦びいき」とみて、今回の敗訴の原因は彼にあると逆恨みしていたのである。

ムラにとっての邪魔者は消すしかない。享徳元年（一四五二）閏八月二日の夜、こともあろうに大浦の者たちは松平のいたムラの代官所を襲撃し、彼の暗殺を謀った。その手口は、実行役にわざわざ他所の殺し屋数名を呼び寄せて、「夜盗」の仕業と見せかけるという巧妙なものだった。襲撃を察知した松平は危うく難を遁《のが》れたものの、彼も地域対立の根深さに心底震えあがったにちがいない。代官であろうが誰であろうがムラの利害に反する存在は抹殺してしまおう、という当時のムラの凶暴さを語って余りあるエピソードである。なお、この松平益親という人物は、なにを隠そう、のちの徳川家康の先祖に連なる人物である（家康の旧姓は「松平」）。彼がこのとき大浦で死んでいたら、その後の徳川家の歴史も変わっていたかも知れない。

残るもう一点の「合戦記」は、この松平暗殺未遂事件の九年後、寛正二年（一四六一）七月に起きた事件から筆を起こしている。このとき、菅浦の行商人の男が大浦のなかの山田という場所を通行したところ、その土地の者たちから盗人の嫌疑をかけられて殺害されてしまったのである。これにより紛争が再燃する。五日後、菅浦の住人たちは山田を襲撃し、その土地の住人四〜五人を報復として殺害し、あたりに火を放つ。このとき怒りを爆発させた菅浦の報復は明らかに過剰なもので、家々の鍋・釜まで打ち壊すのみならず、牛馬すら焼き殺すという凄惨さだった。

この事態をうけ、大浦は即座にまた京都の日野家に訴訟を起こし、菅浦もそれに応じ、日野家で再び審理が開始される。二度目の裁判である。今回の裁判は、日野家の当主、日野勝《かつ》光《みつ》（一四二九～七六）みずからが審理に臨むという気合いの入りようだった（勝光は、応仁の乱で暗躍する日野富子の兄）。ここからは、長引く二つのムラの争いに自分の力で終止符を打とうという勝光の強い意志が感じられる。そこで勝光は、争うムラ双方から代表者を出し、熱湯に手を入れて火傷の重いほうを敗訴とする湯起請《ゆぎしょう》によって決着をつけることを下命する。

利用された「神の意志」

湯起請とは、室町時代、神の意志を尋ねるためにしばしば行われた究極の裁判方法である。現代人からは想像もつかない話だが、当時の人々には、同じ熱湯に手を入れても正しい側は神の意志により火傷は軽傷で済み、邪悪な側は重傷を負うと信じられており、こうした不思議な裁判がときに採用されたのである。とはいえ、もちろんこの時代も一方で通常の裁判は行われており、室町幕府の法廷でも、争う当事者双方に代理人（奉行）を立てて、双方の主張を吟味し、将軍が最終的に裁定を下す、といったことは普通に見られた。しかし、そうした処置ではどうにも決着がつきそうにない場合、当時の人々は、しばしば最終手段として神の意志を問う呪術的な裁判方法を採用したのである。

ただ、こうした迷信じみた裁判方法が採用される理由は、彼らが素朴な信仰心をもっていたからだけではなかった（第16話「合理主義のはなし」参照）。とくに今回、両者に白黒をつける方法として、あえて湯起請が採用されたのには、両者の憎悪が極限まで燃え上がった結果、日野家代官までもが一方から命を狙われるようになってしまった事情が大きく影響しているだろう。この状況では、どちらに軍配をあげても他方の遺恨《いこん》は残り、へたをすれば裁定者である日野勝光自身が当事者の逆恨みの的になりかねない。そうしたとき、「神の意志」をオモテに立てて白黒を判定すれば、双方に遺恨は残らず、事態はまるく収まる。勝光の判断の背後には、逆恨みを回避するための、そうした打算も働いていたはずである。

かくして、京都の日野邸において、湯起請が実施された。菅浦側の代表者は、さきに大浦で殺害された行商人の男の年老いた母親。大浦側の代表者は、焼き討ちをうけた山田の生き残りの若者。どちらも神の意志を問うには相応しい当事者である。判定人は、代官の松平益親。両者は熱湯に手を投じた後、その手を松平によって検知された。

勝負あり！　大浦の青年の手はすこし腫れただけだったが、菅浦の老母の手は痩せていたせいか、ひどくただれたように見えてしまった。判定は、大浦の勝ち。

この結果を知った勝光は、これまでの紆余曲折《うよきょくせつ》を清算するためにも、すべての憤懣《ふんまん》をまとめて菅浦にぶつけてきた。彼は代官松平と大浦に対して、敗訴した菅浦に軍事攻撃をかけるよう、非情の命令を下したのである。

菅浦滅亡の危機

事態は一転し、菅浦は窮地に陥る。彼らは明らかに調子に乗りすぎていたのだ。しかし、後悔するのには、すでに遅すぎた。大浦は積年の恨みを晴らすべく、周囲のムラに大々的に協力を呼びかけ、菅浦を袋叩きにして「永代《えいたい》攻め失うべき（永久に地上から消滅させる）」ための準備を整えた。

一〇月一三日、松平益親を大将として、塩津・熊谷《くまがい》・今西・山本・浅見といった近隣のムラや武士たちが続々と集結。その他、同じ近江国とはいえ遠く蒲生《がもう》郡の日野牧の住人や高島郡の朽木氏までが援軍に馳《は》せ参じ、松平も本拠の三河《みかわ》国（現在の愛知県東部）から配下を動員して、「数万騎」という大軍勢が菅浦に迫った。正面の攻め手の主体は、もちろん菅浦憎しの大浦軍。前回の衝突のときは菅浦に味方してくれた海津西浜までも、いまや「数万艘」ともいわれる湖上船団に加わり、大浦の後方支援にまわってしまっていた。

対する菅浦は、わずかに成人男性一四〇〜一五〇人。周囲のムラで応援する者は一人もなく、もはや国中を敵にまわして孤立無援。山と湖からの総攻撃は目前に迫っていた。それでも「要害をこしらえ」「城をかため」、集落全体を要塞化して臨戦態勢を整え、老若全員が「目と目を合わせ」「ただひとすじに枕をならべ討ち死に」という決意を固めた。このあたりの「合戦記」の記述、絶体絶命の大ピンチを描いて、並みの軍記物語にも負けない迫力がある。

ところが、最期の覚悟を決めた菅浦の者たちの不気味な静寂に、「数万騎」「数万艘」ともいわれる大軍勢が意外にも怖気《おじけ》づいたらしく、総攻撃を躊躇しはじめた。これを好機到来と、菅浦側は起死回生の和平交渉に乗り出す。近隣塩津の地頭を務める熊谷上野守《こうずけのかみ》を窓口にして、ムラのリーダー二人が頭を丸めて、総大将松平のまえに「降参」の意思表示に出向いたのだ。

あわせて謝罪のしるしに、集落内の家にみずから火が放たれた。

この菅浦の全面降伏の姿勢に、松平の態度も軟化した。もともと松平は「菅浦びいき」を疑われ、大浦側から命を狙われた男である。噂どおり菅浦を支援していると思われては心外だが、大浦に対してはいまだ許しがたい思いを抱えていた。ここまで菅浦側がプライドを捨てて降参をしてくれれば、もはやこれ以上、彼らを窮地に追いやる理由もない。かくして松平の政治的判断により、菅浦滅亡の危機はギリギリで回避された。

二点めの「合戦記」は、前回のときとは打って変わって、次のような文章でその末尾を結んでいる（現代語訳）。


今後は、くれぐれもくれぐれも多少の不衡平《ふこうへい》があってもガマンして、紛争を起こさないように。末世末代まで、この事実を教訓として忍耐するようにせよ。たとえ最初はたいしたことではなくとも、こうした大ごとになるのだから。心得のために、ここに書き残しておく。

不戦の契り

以上、『菅浦文書』に残された、二つの「ムラの合戦記」を読んでみた。最初の文安年間の「合戦記」と、こんどの寛正年間の「合戦記」のトーンの違いは明らかだろう。

文安の「合戦記」では、客観的に情勢を描写しているように見せながら、敵対する大浦側に非があり、菅浦側には非がないことがところどころで執拗《しつよう》に強調されていた。そして、なにより末尾では子孫への具体的な教訓として政界工作と内部団結の重要性がことさらに唱えられ、つぎの軍事攻撃の際の戦略的なアドバイスまでが書き記されていた。そこには、つねに次の「戦争」が想定されており、戦うことが悪であるという認識はまったくうかがえない。文安の「合戦記」は、いわば「勝つための教訓書」なのである。

これに対して、寛正の「合戦記」には、自己の正当性を声高《こわだか》に訴える自己弁護のトーンはまったく見られない。手痛い敗戦の経験をふまえて、戦うこと自体を回避する思想が貫かれている。いわば「戦わないための教訓書」である。「最初はたいしたことではなくとも、こうした大ごとになるのだから」「多少の不衡平があってもガマン」という末尾のメッセージが、なによりもそれを雄弁に語っている。

大河ドラマなどで戦国時代の登場人物が戦争を忌避する台詞をいうと興ざめだという批判をよく耳にするが、中世の人々も、決して鬼や修羅のように互いに殺し合い憎しみ合って平然としていたわけではない。繰り返される無意味な破壊と殺戮を彼ら自身、深く内省する思想を育んでいたのである。それは頭のなかだけでつくりあげられた綺麗《きれい》ごとの理念ではなく、自分たちの実体験に根差しているだけあって、静かな迫力と強い説得力をもっていた。

事実、これ以後、江戸時代に至るまで、菅浦と大浦のあいだで衝突の事実は、いっさい確認できなくなる。

第2部
細かくて大らかな中世人

第5話　枡のはなし

みんなちがって、みんないい

「Sサイズ」のコーヒー

コーヒーショップでコーヒーを飲んでいて、ふと気づいた。

そもそも私はそんなにコーヒーの良し悪しはわからないし、コーヒーを飲むことよりも時間つぶしが主目的なので、適当に目についた店に入るのが常である。選ぶコーヒーはもちろん、いちばん安くて、いちばん量の少ないSサイズ。しかし、飲みながら、ある疑念が頭をよぎった。

「同じSサイズといいながら、ひょっとして店によって分量が違うのではないだろうか……？」

性分的に、気になったら調べずにはいられない。すると、似たようなことを考える人はいるもので、スマホを手繰《たぐ》ったら、各社のコーヒーの分量を調べあげてくれている奇特な方々による情報がすぐに見つかった。それによれば、スターバックスのSは240㎖（280円）、ドトールは150㎖（220円）、マクドナルドは175㎖（100円）なのだそうだ（いずれもホットの場合）。計算すると、スタバのコーヒーは1㎖あたり1・17円、ドトールは1・47円、マックは0・57円ということになる。つまり、単純に分量だけを問題にすれば、マックがいちばんお得、ドトールがいちばん割高、ということになる。

だから、なんなんだ、と思われるかも知れないが、べつに私はどこのコーヒーショップがいちばんお得かをお伝えしたいわけではない。それよりも皆さんは、企業の社会的な説明責任が過度に求められている、この窮屈なご時世、Sサイズの分量が各社でこんなにもおおらかであることに、意外な感をもたれないだろうか。この世知《せち》がらい私たちの社会にあって、このおおらかな不統一、不均一。それでも、消費者庁がコーヒーショップの分量表示が「不適正である」といって「指導」に乗り出したり、消費者団体が各社にクレームをつけて「是正」を求めたという話は、いまだ聞かない。それを思うと、五〜六〇〇年前のわが国の実態を知る私などは、この国になお「中世」が息づいているかのように思われて、いささか心弾む思いがしてくるのである。

じつは歴史を遡ると、中世の日本では、同じ分量表示でも地域や組織による容量の相違はさらに激しいものがあった。今日は、ほとんど知る人のいない、そんな日本中世の驚異の計量世界へのご案内である。

荘園ごとに違う「枡《ます》」

当時の分量計測の基本的な容器は「枡」、である。現代の私たちの生活では、もう計量器具として使われることはなくなってしまって、容器としても、せいぜい節分の豆まきのときの豆の入れ物、あるいは居酒屋で冷酒を頼んだときにグラスの下に置かれるぐらいだろうか。ただ、米を年貢として納めることの多かった当時の社会では、枡は生活になくてはならない重要な計量器具だった。

念のため、枡から縁遠い生活を送る現代人の皆さんのために、すこし補足説明をしておこう。よく居酒屋でグラスに入れられて出てくる冷酒一杯が、「一合《ごう》」(約180㎖)である。いまはグラスの受け皿として使われている、あの小さい木の枡の容量に相当する。これを一〇倍すると「一升《しょう》」(約1・8ℓ)。一升瓶一本分に当たる。さらに「一升」を一〇倍すると「一斗《と》」(約18ℓ)。一斗缶一つ分の分量である。この十進法の合＜升＜斗という単位を知らなくては、中世社会を生き抜いていくことはできない。

ところが困ったことに、中世では、この同じ「一升」といっても地域によって、その容積がまったく異なっていたのだ。次頁に掲げる表は、京都の東寺というお寺で使われていた枡の容積の換算表である。一つの寺のなかで、じつに一七種類もの容積の異なる枡が使用されていたことがわかるだろう。しかも、そのうちいちばん小さい仏聖枡《ぶっしょうます》と、いちばん大きい教《きょう》冷院枡《れいいんます》では、三倍以上の容積の開きがある。これが同じ「一升」として通用していたのだから、マックとスタバのSサイズの相違など可愛らしい。教冷院枡のつもりで米を一升注文したのに、仏聖枡で渡されたら、どんな人でも怒るだろう。そんなトラブルを回避するためにも、東寺は寺内で使用する枡の換算表を作成しておいたようだ。

では、なんでこんなことになってしまったのだろうか。多少なりとも面倒と感じるなら、なぜ当時の人々はこれを統一しようとは思わなかったのか。それを考えるには、表中にみえる枡の名前に注目してもらいたい。

東寺内の使用枡

枡の名（荘園の所在地）	現代の枡に換算した容積（斗）
仏聖枡	0.415
坊用枡	0.532
大山荘寺家倉枡	0.571
下行枡	0.585
上野荘枡（京都府）	0.632
太良荘枡（福井県）	0.632
買屋枡	0.632
上久世荘枡（京都府）	0.679
矢野荘枡（兵庫県）	0.778
女御田枡（京都府）	0.790
拝師枡（京都府）	0.796
平野荘枡（奈良県）	0.817
大山荘枡（兵庫県）	0.848
下久世荘枡（京都府）	0.950
植松荘枡（京都府）	1.176
十三合枡	1.490
教冷院枡	1.521

寶月圭吾『中世量制史の研究』所収を一部修正

ここにあげるほとんどの枡は、「××荘枡」という名前があるように、東寺が支配している地方の荘園で使われている枡なのである。中世では、荘園ごとに枡が異なり、荘園領主に納める年貢米も、その土地土地で通用している枡が使われていた。だから、東寺のような荘園領主は、各地から納められた年貢米を受領する際には、地域ごとの年貢枡の容積を正確に把握し、それを即座に換算できなければならなかった。

表のなかに荘園の所在地を明記しておいたが、これを見てもわかるとおり、この枡の容積の地域差は、××県域では大きくて、〇〇県域では小さい、というような傾向性はまったくない（所在地記載の無い枡は荘園の枡ではなく、東寺内部の部署や用途別に使われた枡をさす）。また、当時において、どの枡がいちばん使われたメジャーな枡なのか、ということも一概にいえない。本当にバラバラなのである。

いや、それどころか、当時は同じ荘園内でも隣り合う田んぼの一枚一枚で、使う年貢枡が異なっていたようだ。この時代の人が田んぼを売却するときに作成する売買証文を見てみると、売買が成立すると、田んぼと一緒に、そこで使用されていた年貢枡が付属して購入者に手渡されることになっていたことがわかる。新たにその田んぼを買った購入者は、同時に荘園領主への新たな年貢の納入責任者ともなる。だから、これまでの年貢負担量を公正に引き継ぐためにも、売却者は現在使用している年貢枡の現物を購入者に手渡す必要があったのである。枡は、その土地と密接に結びついていたのだ。

考えてみれば、同じ田んぼ一反《たん》といっても、日当たりや地味《ちみ》によって収穫高はけっこう異なる。同じ労働量を投下しても、田んぼによって収穫が大きく違うのは当たり前だ。化学肥料や耕運機のなかった中世ならば、田んぼごとの「個性」の相違はさらに大きかっただろう。また、この時代は「仏供田《ぶっくでん》」（ご本尊への供物の費用負担のための水田）とか「神楽田《かぐらでん》」（神社の奉納神楽の費用負担のための水田）などといって、水田一枚一枚にちゃんと用途に基づいた名前がつけられていて、そこからの収穫が年貢として納められた後に最終的に何に利用されるかが厳密に特定されていた。当然、田んぼを耕す人たちにも、そうした地利や伝統に応じたプライドや自覚が備わっていたにちがいない。面積だけを問題にすれば、ひとしなみに扱われてしまう水田も、そこに生きる人たちの様々な条件や経緯が反映していることを思えば、そこで多様な計量器具が使われるのも仕方のないことだったのかも知れない。

そのことは、年貢を納める百姓も、それを受けとる荘園領主の側も承知のうえのことだった。だから、荘園を管理する代官が勝手に取り分を多くしようとして、年貢枡の大きさを変更しようものなら、それが小さかろうが大きかろうが、百姓たちから猛反発をくらうことになった。

単なる計量器具ではない

播磨国《はりま》(現在の兵庫県南部)に鵤 荘《いかるがのしょう》という荘園があった。荘園領主は、聖徳太子で有名な、あの奈良の法隆寺である。この読みにくい荘園の名前も、法隆寺のある斑鳩《いかるが》の地名に由来している。法隆寺は、遠方にある鵤荘を支配するために、寺から代官を派遣して管理に当たらせていた。このとき派遣されていた代官たちが書き継いだ『鵤荘引付《ひきつけ》』という業務日誌が、現在も現地のお寺に残されている。これを読むと、この荘園でも、やはり四種類もの枡が年貢の収納に使われていたことがわかる。

室町時代の正長元年(一四二八)、史上最初の大規模な徳政一揆である「正長の徳政一揆」

が京都で勃発する。この衝撃はたちまち畿内周辺に波及して、翌年には播磨国でも「播磨の国一揆《くにいっき》」とよばれる一揆が起きる。この混乱のなか、鵤荘でも事件が起こる。

この荘園の百姓たちは、一揆が起きると、あろうことか「吉永《よしなが》・返抄斗《へんしょうます》」とよばれた二つの枡を破壊しているのである。年貢を納めるときに使う枡は、たんなる「計量器具」という意味合いを超えて、一方では領主と百姓との合意の象徴でもあった。そのため相互の不信が極点に達したとき、百姓たちはまず枡を粉砕するという行為に出る。その瞬間に両者のあいだの貢納をめぐる合意と契約も砕け散ったことになるわけだから、枡の破壊は百姓から領主に突きつけられた強烈な絶縁通告であったともいえるだろう。

さいわいにして、一揆の旋風はすぐに去った。しかし、いちど亀裂の入った百姓と領主の関係修復は困難をきわめた。事態が落ち着いてから法隆寺側は新たな枡を製作し、それを百姓たちに提示した。しかし、その枡はすぐに百姓たちからの「元の枡より大きい！」という非難の声にさらされてしまうことになる。そこで代官が新たに枡を小さく作りなおして提案を行ったところ、それでも「まだ大きい！」とケチがつけられる。

百姓たちにすれば、枡の容積が小さいほうが納める年貢量が少なくて済むわけだから、ここぞとばかりに要求を突き通したのだろう。法隆寺側もほとほと困り果てたにちがいない。けっきょく国一揆から四年も経過した永享五年（一四三三）八月になって、法隆寺側の代官も交代し、百姓たちが居並ぶまえで、ようやく新たな枡は承認されることになった。このときの枡は荘園内でそれまで一部で使われていた「内山の返抄の枡」を基準にして製作され、あわせて枡で米を計量するとき、米をすり切るのに使う、扱《こ》き棒まで新調されたという。代官の業務日誌には、この新しい枡の合意の年月日まで記され、百姓たちの立ち会いでの承認がことさらに記されている。それだけ領主にとっても百姓にとっても枡は大事なものだったことが、この一事からもわかるだろう。

当時の枡の一つ一つには、こうした地域地域の複雑な経緯や伝統、ロイヤリティーがシンボリックに絡《から》みついていた。だから、不便だからといっても、当時の社会は枡を簡単に統一することを許さなかったのである。

平安時代後期、後三条《ごさんじょう》天皇（一〇三四〜七三）という天皇が「宣旨枡《せんじます》」という公定基準枡を考案して、通用させようとしたことがあった。統治者としての自覚に溢れた、この天皇は、内裏の庭でみずからその枡に土砂を入れたり出したりして、熱心にも計量実験を行ったといわれている（『愚管抄』）。天皇が一生懸命、枡に土砂を入れたり出したりしているさまを想像すると可笑《おか》しいが、けっきょく、この情熱的な天皇による新機軸の統一枡もついに社会の基準枡となることはなかった。「宣旨枡」は、その後の中世になると数多《あまた》ある枡の一つとして、細々と使われるに過ぎなかった。

恐るべき「多進法」世界

しかし、中世社会における枡の多様性は、これにとどまらない。読者の皆さんは、さきほどの表のなかに、「十三合枡」という名前の枡があったのに気づかれただろうか。これはいったいなんなのか？

じつは、この枡、ふつうの枡が一〇合で一升に単位が繰り上がるのに対して、一三合で一升に繰り上がる枡なのである。つまり、この枡だけは一〇進法ではなく、一三進法の枡なのだ。それだけではなく、当時の史料上には、八升で一斗になる「八升枡」、六升で一斗になる「六升入枡」、三合で一升になる「三合入枡」なんてものまで見える。八進法に、六進法に、三進法……。容積だけの問題ではない。一三合で一升になる枡があるかと思うと、そのいっぽうで三合で一升になる枡が存在するというのだ。もう訳がわからない。

ときには、こんな裁判も起きている。文明五年（一四七三）正月、東寺で代官を務めていた定任《じょうにん》という僧侶が、ある荘園の枡を新たに作りなおすことを百姓たちに提案した。しかし、これが百姓たちの猛反発を生むことになり、東寺を法廷とした訴訟に発展してしまう。このときの定任と百姓とのやり取りが、東寺の業務日誌『東寺廿一口《にじゅういっく》供僧方評定《ぐそうがたひょうじょう》引付』に記されているので、追いかけてみよう。

そもそも最初の定任の提案は次のようなものだった。

「新たな枡の容積は、仏聖枡の一・三倍の容積を『一斗』ということにする。ただし、この『一斗』は九升で一斗に繰り上がる九進法を採用する。名づけて『九升枡』」

一〇進法ではなくて九進法の新枡の導入である。しかし、この提案に百姓たちは反発した。

「容積については文句はないが、『一斗』の一〇分の一よりも大きい『一升』を使うなんて承服できない。そもそも『九升枡』なんていう話はいままで聞いたこともない！」

だいたい九進法なんて計算がめんどくさい。なんでわざわざそんなものを導入するのか。百姓たちが怒るのは無理もない。ところが、「いままで聞いたこともない」という百姓たちの、その話は、どうもデマカセだったらしい。定任はすかさず反論する。

「百姓たちのいうことは、けしからん話です。やつらが守護方に納める米は、すでにこの新しい枡を使っているのです。わが東寺に年貢を納めるときにだけ、それを拒むとは、ありえない話です」

当時の百姓たちは荘園領主に年貢を納めるだけではなく、同時に守護《しゅご》とよばれる地域の大名にも租税を納めなければならなかった。じつは百姓たちは、地元の守護に納める米は、さきに定任が提案した枡で納めていたらしいのだ。「い、いや、それは守護の侍衆が無理強いするもんで……」という百姓たちの抗弁は、いささか頼りない。けっきょく、この話は東寺の執行部の裁決に委ねられることになった。

折り合わない両者の主張に対し、東寺の僧侶たちも頭を痛め、結論はなかなか出なかった。しかし、最終的に東寺の出した判決では、「だいたい枡というものは一〇升で一斗になるのが常識である。それに寺内の枡もこの方式でやっている」ということで、百姓たちの主張が受け入れられることになった。至極《しごく》まっとうな判決というべきだろう。

ところが、である。その後の寺内の会計関係の古記録を見てみると、なんと、この悪名高い「九升枡」は堂々と使われているのだ。守護向けの使用実績もあったためか、当初の反発を越えて、案外「九升枡」は百姓たちに受け入れられるところとなったらしい。僧侶たちの苦悩の判決は、有名無実と化した。百姓たちは、そこに不自由や理不尽を感じなかったらしい。現代人からは想像もつかない、様々な *n* 進法が同居する「多進法」世界。恐るべし。日本中世は、*n* 進法の常識すらも超克した融通無碍《ゆうずうむげ》な社会だったのだ。

メジャーの地位を獲得した市井の「枡」

とはいえ、さすがにここまでくると、次第に当人たちもいろいろと不都合であることに気づきはじめたようだ。とくに、荘園と荘園を股にかけて飛びまわる商人たち。かれらの商売にとって、こんな枡の無秩序な状態は、非効率以外のなにものでもない。

室町時代は、中国からの銭貨の流入で経済が刺激され、未曾有の経済バブルが生み出された時代でもある。農業生産は低迷していたものの、様々な分野で交換取引が活発化した「商人の時代」である。そこで、かれら商人たちのあいだでの商取引の利便を考えて、独自の商業用の枡が生まれていった。

地域地域で換算方法の異なる枡で量られた米は、いったんこの商業枡に換算しなおされて、外の世界へ飛び立ってゆく（換算の便宜を考えて、商業枡は一般の年貢枡よりも小ぶりなものが一般的だったようだ）。やがて、商業枡は一般の荘園のなかにも浸透してゆき、最初から年貢枡にこれを使用する地域も増えてゆく。そして、おそらく幾度もの淘汰《とうた》が重ねられ、ついに京都周辺では特定の商業枡がメジャーの地位を勝ち取ることになる。商業の進展のなか、社会統合への気運が「下」から盛り上がっていったのである。

なにを隠そう、その後、「天下人」となった豊臣秀吉が行った「太閤検地《たいこうけんち》」で、基準枡として採用されたのが、この商業枡。のちに「京枡《きょうます》」とよばれ、近代につながっていく枡なのである。

容積にして約１８０㎖を一合、約１・８ℓを一升とする、現在の容積値はこのとき生まれた。日本史の教科書などでは、秀吉の「太閤検地」は全国を一律の単位で統合し、百姓からの合理的な収奪を実現し、江戸時代を準備した画期的な政策、と相変わらず説明されている。しかし、そこで使われる「京枡」は、決して秀吉が「上」から創案して押しつけたものではない。中世末期の人びとが「下」から必要に迫られて自生的に生み出したものだったのだ。秀吉のやったことは、それにお墨付きをあたえたに過ぎない。

しかも、太閤検地以降も「京枡」が決して列島をすべて席捲《せっけん》していたわけではなかった。たとえば小倉《こくら》の細川藩では、少なくとも寛永年間（一六四〇年頃）まで京枡とは容積の異なる「国枡」が公的に使われ続けていた。

いずれにしても、必要があれば統合されるし、その必要がなければバラバラでもなにも困らない。中世から近世初めの人たちは、ある部分では現代人以上の細心のこだわりをもちながらも、ある部分ではきわめておおらかに生きていたのだ。

そういえば、同じＳサイズといいながら、コーヒーチェーンによって異なるという話。よく考えたら、衣料品のＳ・Ｍ・Ｌサイズにも当てはまるではないか。メーカーによってＳサイズといいながら、かぎりなくMサイズに近いSサイズがあるかと思えば、他メーカーのSサイズよりも小さいMサイズが平気で売られていたりする。あのあたり、業界団体で規格を統一しようという動きはないのだろうか。それから、生ビールのジョッキも大いに怪しい。例によってスマホを手繰ってみたところ、「中ジョッキ」といいながら、居酒屋によって350㎖から500㎖までの少なからぬひらきがあるらしい。ビジネスホテルのシングルベッドとダブルベッドの違いも、どうだろう。宿を予約したらセミダブルだというから、まあいいかと思ったら、どう見てもシングルより小さいセミダブルに遭遇したことがある。とはいえ、量の少ない「中ジョッキ」も、シングルと変わらない「セミダブル」のベッドも、そのぶんお値段がお安くなっているのだから仕方ない。そんなことでめくじら立てる人もいないから、ことさら問題にもならないのだろう。

現代の私たちの生活も、決してすべての規格が統一されているわけではない。いや、そもそも人間の社会なぞ、そんなものなのかも知れない。すべての規格が統一されているのが当たり前だなどと思うのは、現代人の思い上がりだろう。中世史を学ぶ効能は、現代人が囚《とら》われている、そんな〝常識〟から、私たちを解き放してくれるところにある。

第6話　年号のはなし

改元フィーバー、列島を揺るがす

年号予想ブーム

「祝　令和」のお祭り騒ぎも一段落して、新しい年号にもそろそろ慣れてきただろうか？じつは新しい年号には、私は若干の因縁《いんねん》がある。

二〇一八年五月に、私はあるNHKの教養バラエティー番組にゲスト出演して、日本史上の年号について解説を行った。改元することが決まったのが前年一二月の皇室会議で、実際の改元のちょうど一年前の放送だから、おそらく年号を特集したテレビ番組としては一、二を争う早さだったはずである。

そこで、ひととおりの歴史解説が終わった後、バラエティー番組ということもあって、最後に出演者と一緒に「次の年号を予想する」というコーナーが設けられた。多少の躊躇はあったが、私も芸能人に混じってボードを掲げて、面白半分で次の年号の予想を行ったわけである(むろん一年後、私の予想はみごとに外れた。むしろ当てたら大問題だ)。ところが二ヶ月後、大手新聞にこの番組のことが採り上げられてしまった。天下のNHKがそんなふざけたことをやったということで、「年号予想ブーム」の先駆けとして紹介されたのである。しかも、当時、年号予想プレゼントを企画していたワイン販売会社の社長さんの声まで載せられている。「『軽々しい』と批判されないか心配していたから」「番組を見て安堵《あんど》した」のだそうだ(『朝日新聞』七月三一日朝刊)。

そう。何を隠そう私は、公共の電波で初めて次の年号を予測した「有識者」なのである。そのあとのお祭り騒ぎは、皆さんもご存知のとおり。翌年の改元直前は猫も杓子《しゃくし》も、民放もネットも、改元予想の大騒ぎとなり、けっきょく「令和」という予想外の名称に多くの人が肩すかしを食らうことになった。しかし、放送時もその後も、番組や私個人のもとに、不謹慎を批難する声は一つとして寄せられなかった。

思い返せば、三〇年前の平成改元のときは、そんなことができる雰囲気ではなかった。昭和・大正の改元についてはいうまでもない。ご承知のとおり、大正・昭和・平成の改元は、みな天皇の死去にともなう改元であった。天皇の生前に次の年号を「予想」するなんて、世が世ならば「大不敬」との謗《そし》りをうける行為であろう。それを思うと、今回の生前退位というのは、日本近代史に残る画期的な出来事といえるだろう。これにより、天皇の死去と改元が切り離されることになり、公共放送においても誰憚《はばか》ることなく「次の年号」を話題にすることが可能になったわけである。

では、この年号。古くから天皇の存在と結びついた厳粛なものなのか、といえば、そんなことはない。日本史を通覧すれば、年号と天皇の在位期間が一致している現状のほうがむしろ特殊な状態だったのだ。そこで、今日は中世の年号がいかに自由なものであったのかを紹介してゆくことにしよう。

年号の三つの機能

年号にはいくつかの機能があるが、そのうち、現在もっとも大きなものは〝時間のものさし〟としての機能だろう。東日本大震災が起きたのが「平成二三年」、と聞けば、平成三〇年現在ならば、誰もが「もう七年も経ったのか……」と、即座に感慨を述べることができる。ただ、年号の場合は不規則に改元をするので、これが次の令和年間になると、時期を経るほどに換算が難しくなる。西暦のほうが年号よりも便利だ、といわれてしまうゆえんである。

しかし、そのぐらいのことで泣き言をいっていては、中世を生きた人々に笑われてしまう。たとえば、鎌倉時代約一五〇年の間には、年号は合計四八回も変わっている。単純に計算すればほぼ三年に一回の割合で改元していたことになる。彼らにしてみれば、新しい年号を覚えた途端にすぐ改元。二つ前の年号なんて、もう思い出せない……。それというのも、中世では①為政者《いせいしゃ》の代替わりのほかに、②大きな災害のあった年、③決められた年（甲子《きのえね》の年と辛酉《かのととり》の年）に改元することになっていたので、年がら年中、改元していたのである。こうなると「弘安四年に蒙古が博多に襲来してきて……」などといわれても、当時の人でも、それが何年前の話か即座に理解するのは今以上に難しかったはずだ。中世日本においては年号に〝時間のものさし〟としての機能は希薄だったという他ない。

それでも当時の人々が困らなかったのは、彼らが年次を表わすときは年号ではなく干支《かんし》を使っていたからである。干支とは、甲・乙・丙・丁……という一〇種類の「干」と、子・丑・寅・卯・辰……という一二種類の「支」を組み合わせて、年を「甲子」、「乙丑《きのとうし》」、「丙寅《ひのえとら》」……とよんでいく紀年法である。この組み合わせをしていくと六〇年経つと最初の「甲子」の組み合わせに戻るので、全部で六〇種類の年紀を表現することができる（ちなみに「甲子園球場」は甲子の年（＝一九二四年）に出来たので、その名がついた。歴史用語でも、「壬申《じんしん》の乱」とか「戊辰《ぼしん》戦争」として干支表記は生きている）。当時の人々の平均寿命から考えて、この六〇年分の紀年法があれば、だいたい事足《ことた》りたのである。中世の人々には「弘安四年は……」などというよりも、「去る辛巳《かのとみ》の年は……」といったほうが、よほどわかりやすかった。多くの人々にとって〝時間のものさし〟の機能は、年号よりも干支がその役目を果たしていたのである。

では、年号はいったい何のためにあるのだろうか。

いちばん大きいのは、〝世の中がリセットされたことを世間に示す〟機能、そして、それを宣言する主体が〝日本国の主宰者であることを示す〟機能である。このうち〝日本国の主宰者であることを示す〟機能ということでいえば、日本史上において、年号の制定権と改元権をもつのは原則的には天皇であり、その権利を行使する者が日本国の統治者とみなされた。だから、天皇家が二派に分かれて争った南北朝時代などは、それぞれの天皇を担ぐ政権が、それぞれに年号を制定することになったし、それに叛逆する勢力がまた別の年号を使うという、ややこしい情勢ともなった。

三つの年号を使いわけた男

たとえば、南北朝時代には最大三つの年号が日本国内で同時に存在するという異常事態も見られた。そのはなはだしい錯綜《さくそう》ぐあいを、南北朝時代のひとりの武将の書いた文書のなかで使われた年号をもとに見てみよう。

電子メールも電話もなかった当時、武将たちは家来たちに手紙を通じて、所領や権利を与えたり、軍事的な指示を出したりした。そうして、現在、その家来たちの子孫の家に残された公的・私的な書状のことを、私たち歴史学者は「古文書《こもんじょ》」とか「文書《もんじょ》」とよんでいる（ふつうの人は古い書類はなんでも「古文書」とよんでしまうのだが、歴史学では「文書」とは狭く「AからBに意思を伝達するための手段」、つまり手紙の意味で使う。ちなみに、同じ古い書類でも日記や編纂物のことは「古記録《こきろく》」とよぶ）。そのうち、とくに権利関係を保障する文書については、後世の証拠とするためにも、年月日を明記する必要があった。95頁の表は、北九州に拠点をおいた少弐頼尚《しょうによりひさ》（一二九四〜一三七一）という武将が家来たちに宛てて書いた文書で使われた年号を一覧にしたものである。これを見ながら、彼の激動の半生をたどってみることにしよう。

もともと鎌倉幕府の御家人であった頼尚は、後醍醐《ごだいご》天皇（一二八八〜一三三九）が反鎌倉幕府の旗をあげると、これに協力して博多における幕府の出先機関、鎮西探題《ちんぜいたんだい》を攻め落とす。この功績により後醍醐の建武《けんむ》政権で地位をえた彼は、一三三四年、四一歳のときに書いた文書中では、当然ながら後醍醐が新たに制定した「建武元年」の年号を使用している。

ところが、この建武政権樹立の最大の功労者であった足利尊氏《あしかがたかうじ》（一三〇五〜五八）は、やがて政権から離脱し、後醍醐に反旗をひるがえす。このとき、いちど畿内で敗れた尊氏軍は九州に落ちのびる。そのさい窮地の尊氏を九州で支えたのが頼尚だった。以来、頼尚は尊氏方として活動し、尊氏が新たに立てた北朝の光明《こうみょう》天皇（一三二一〜八〇）の側につくことになる。この時期、尊氏の北朝は「建武」の年号を使い続け、南朝の後醍醐は新たに「延元」の年号を制定するが、一三三六年、四三歳の頼尚は文書のなかで北朝の「建武三年」の年号を使用している。彼が後醍醐から尊氏に鞍替《くらが》えしていたことが、ここからもわかる。その後も、一三四七年、五四歳の頃にも、頼尚は北朝の「貞和《じょうわ》三年」の年号を使用していることが確認でき、しばらくは一貫して尊氏派だった。

しかし、北朝内部で〝お家騒動〟が勃発する。長年、二人三脚で兄尊氏を支えてきた弟直《ただ》義《よし》（一三〇七〜五二）と、尊氏のあいだに対立がもちあがる。いわゆる「観応《かんのう》の擾乱《じょうらん》」であ

少弐頼尚の発給文書の年号

西暦	出来事と頼尚の年齢	南朝	北朝	直冬派
1333年6月	建武政権成立			
1334年11月	41歳	建武1年		
1335年8月	足利尊氏、政権離脱			
1336年4月	43歳	延元1年	建武3年	
1347年1月	54歳	正平2年	貞和3年	
1349年9月	直冬（尊氏の子）が尊氏に叛逆し、九州へ			
1350年11月	57歳	正平5年	観応1年	貞和6年
1355年3月	直冬没落			
1357年8月	64歳	正平12年	延文2年	
1360年2月	67歳	正平15年	延文5年	

※網掛けが、文書中で少弐頼尚が使用した年号

る。このとき尊氏の実子でありながら直義の養子にされるという複雑な過去をもつ青年、足利直冬《ただふゆ》（一三二七～一四〇〇？）は、養父直義の側につき、実父尊氏に対抗するための地盤づくりに九州に下向する。ここまで一貫して尊氏派であった頼尚は、なぜかこの青年を大いに気に入ってしまう。直冬は実父譲りの高い軍事の才能があり、それなりに人望も厚かった。そんな若武者に、頼尚は若き日の潑剌《はつらつ》とした尊氏の姿を重ね合わせたのかも知れない。頼尚は直冬に協力を申し入れ、自身の娘を嫁がせるまでの厚遇をした。この一三五〇年、天下は南朝の定めた「正平《しょうへい》五年」、北朝の定めた「観応元年」、それに従わない直冬の「貞和六年」と、三年号が併存するという前代未聞の異常事態となっていたが、このなかで頼尚は直冬と同じ「貞和六年」を使用してい

る。

とはいうものの、直冬の活躍はさほど長くは続かなかった。五年後には直冬は没落し、そのまま九州から姿を消してしまう。若き直冬に賭《か》けた頼尚の博奕《ばくち》は、完全に失敗に終わったのである。こうなると、また尊氏に降参するしかないのだが、いまさらそれもバツが悪い。彼はこの一三五七年、六四歳のとき、頼尚は南朝の「正平一二年」という年号を使っている。彼はこんどは南朝についたのである。しかし、それも束の間、けっきょくは北朝に帰順し、一三六〇年、六七歳のときには再度、北朝の「延文《えんぶん》五年」の年号を使用している。なんともめまぐるしい、有為転変、激動の半生である。

このように南北朝時代は、それぞれの政権が勝手に年号を制定、改元し、それに追随する勢力はそれに合わせて、それぞれの年号を使用した。逆にいえば、彼らが何の年号を使っているかで、彼らがどの政権を支持しているのか、一目瞭然《りょうぜん》となるのが、この時期の特徴なのである。

そんな情勢は、その後の室町時代になっても、基本的には変わらなかった。たとえば、室町時代には京都に室町幕府が存在する一方で、関東の鎌倉には幕府の出先機関として鎌倉公《く》方《ぼう》が置かれ、足利尊氏の子がそれに就任した。ところが、もともとは尊氏の血を分けた兄弟だったはずの室町将軍と鎌倉公方は代を重ねるうちに溝を深めるようになっていく。とうとう八代将軍義政《よしまさ》の時代には、鎌倉公方の血をひく足利成氏《しげうじ》（一四三四？～九七）は下総古河《しもうさこが》（茨城県古河市）に拠って、公然と幕府に反抗の意志を表明する（享徳《きょうとく》の乱）。このとき京都では年号が「享徳四年」から「康正《こうしょう》元年」に改元されるのだが、成氏はこの新しい年号の使用を拒否し、「享徳」年号の使用を続ける。つまり改元を認めず旧年号を使用し続けることで、現政権の存在を否定するという意思表示をしたのである。この反抗は驚くべきことに三〇年の長きにわたり、都では「享徳四年」で終わったはずの年号を、成氏は頑固に「享徳三一年」まで使い続けたらしい。その間、年号は京都では「康正」「長禄」「寛正」「文正」「応仁」「文明」と六回も変わっているのに。驚くべき執念である。

「私《し》年号《ねんごう》」も登場

しかし、年号のもつ機能のうち、こうした〝日本国の主宰者であることを示す〟機能というのは、いわば副次的な機能に過ぎない。むしろ、それより大きいのは、もう一つの〝世の中がリセットされたことを世間に示す〟機能、である。

古くから東アジアでは、天変地異は為政者の政治が劣悪であることを天が怒っている徴候と理解されてきた。天の怒りを買った為政者は、いわば為政者失格なのだから、本来なら早々に退陣するべきであった。ところが、古来、日本では天変地異が起きた際には、為政者が交代するまえに改元を行うことで、世の中がリセットされたことを演出する裏技が多用された。これを「災異《さいい》改元」という。とくに中世日本の為政者は、この災異改元を多用することで、疑似的に政権交代を演出し、人々の不満を逸《そ》らして、政権の延命を図ってきたのである。

「平成」から「令和」に年号が変わったとき、別に昨日と今日で何が変わったわけでもないのに、忌まわしい事どもが一掃され、すべてがリニューアルされたかのような晴れ晴れしさを感じた、あの感覚。まったく無責任かつ無根拠な感覚なのだが、それこそが中世以来の年号に期待された機能だったのである。

とはいえ、こうした感覚は、決して政権の欺瞞《ぎまん》ばかりによって生み出されたものではない。戦国時代になると、呆《あき》れたことに、人々は「私年号」とよばれる勝手な年号を使いはじめてしまう。現在、関東地方や南九州に残された、戦国時代の板碑《いたび》（石造の供養塔）などのなかに「福徳×年」とか「弥勒×年」「永喜×年」「命禄×年」という年号が記載されているものがいくつも見つかっている。これらは一見すると、ちゃんとした年号のように見えるが、歴史年表をいくらひっくり返してみても、こんな年号は存在しない。つまり、天皇や室町幕府が定めた正式な年号とは別に、様々な地域で勝手な年号が続々と生み出されはじめていたのだ。いやはや地域によって年号が異なるとは、さすがに中世社会のカオス、ここに極まれり、という感がある。

ただ、人々が勝手に年号をつくった、などと聞くと、なにか日本国内のあちこちで反政府の「独立国」が次々と生まれ出たような不穏なイメージをもつ人もいるかも知れないが、それは少々過大評価である。というのも、これらの私年号は、そのほとんどが永続的な使用を意図して創案されたものではなかった。その証拠に、私年号の多くは「〇〇元年」「〇〇二年」と二年間ぐらいの使用しか確認できず、三年ともたずに、すぐに消滅してしまう一過性のものなのである。私年号を創案した人々に、天皇の秩序への反抗とか、新たな〝時間のものさし〟を打ち立てようという意識はハナからなかったのである。

では、彼らはなんのために勝手な年号を創出したのか？　それこそが、年号のもつ〝世の中がリセットされたことを世間に示す〟機能、である。

戦国時代は、それまで以上に飢饉や戦乱の渦巻く不安定な時代だった。そんななかで、当時の人々は禍々《まがまが》しい災厄を断ち切って、新たな秩序がもたらされることを心底希求していた。そんな人々にとって、〝時間のものさし〟としては役に立たなくとも、一種の厄払いとして、世の中をリセットしてくれる新しい年号はありがたいものだったのだ。この時期に見られる私年号は直接には暦の混乱と誤情報の混入がもたらしたものだったようだが、それを受容した人々の意識としては、そんな〝世直《よなお》り〟の願望があったと考えられている。

そもそもが厄払いの目的で、新しい年号を打ち立てて〝世直り〟を図ろうとしたのだから、最初からそこに永続性は期待されていない。彼らは新年号を立てること自体が目的だったのだ。だから目前の災厄が克服されれば、もはや私年号に用はない。私年号が一～二年で消滅してしまうのも、ある意味では当然のことだった。

もう一つ、この時代の人々の年号に対する意識で興味深いものがあるので、ついでに紹介しておこう。皆さんは改元がなされたとき、年の途中の五月一日をもって「平成三一年」が「令和元年」となったことに少なからぬ違和感をもたなかっただろうか。同じ年でも四月三〇日に生まれた赤ちゃんは「平成」生まれなのに、わずか一日後に生まれた赤ちゃんは「令和」生まれ、と持ち上げられる理不尽。さらにいえば、「昭和」から「平成」の改元のときなどは、その年の正月八日をもって「平成」に改元。「昭和六四年」はわずか七日間しかなかったことになる。これは先々に歴史を振り返るときに、いろいろと面倒な禍根《かこん》を残すことになるのではないか。いや、というか、ただたんにメンドクサイ。

戦国時代の日本人のなかにも、同じことを考えた人たちは多かったようだ。主に東日本に残された庶民の記録や文書のなかには、「延徳元二年」(『勝山記』・山梨)とか「文亀元二年」(『香取田所家文書』・千葉)といった不思議な日付をもつものがある。この「〜元二年」という表記は、なんなのだろう。

たとえば、都で定めた正式な暦によれば、「延徳元年」は西暦一四八九年である長享三年八月二一日をもって始まる。しかし、当時の人々も長享三年の途中で年号が延徳元年に変わるのを、たいへん煩《わずら》わしいと考えた。そこで彼らはその年いっぱい非公式に長享三年を使い続け、翌年正月元日から延徳元年がはじまる、としようとした。しかし、それをしてしまうと、その後の正式な暦と一年ずれてしまう。そこで改元が行われた年は前の年号を一年間使い続け、その翌年を「二年」ではなく「元二年」とよんで、新しい年号の始まる年と位置づけ、以後は正式の暦どおり「三年」「四年」……とカウントする。ある意味、合理的な換算方法である。

実際、中国(明・清)では「踰年《ゆねん》改元」といって、皇帝が死んでもその年いっぱいは旧年号を使い続け、翌年正月元日をもって新年号の使用を開始するという改元法が採られていた。

今回の令和改元でも、「踰年改元」の可能性は検討されたそうだが、なぜか採用されることはなかった。それを考えると、非公式に「踰年改元」を採用していた戦国民衆のほうが、私たちよりよほど頭が柔らかいのかも知れない。

このように、年号に注目して中世社会を見てみると、天皇の在位と年号を一体化させてきた近代の年号のあり方が必ずしも一般的なものではなかったことがわかるだろう。とくに中世の場合、年号の制定権・改元権が必ずしも中央に一元化しておらず、南北朝時代では様々な勢力が自由に年号を制定する多元的な様相を帯びていたし、戦国時代では中央の年号の下で非公式に別の年号や独自の改元法が運用されるという重層的な様相も帯びていた。この〝多元性〟と〝重層性〟は中世社会を考える重要なキイ・ワードだが、それは年号についても当てはまる。

そして、彼らは私たちと違って、年号に〝時間のものさし〟としての役割をほとんど期待しておらず、むしろ〝世の中がリセットされたことを世間に示す〟厄払いこそが、彼らの考える年号の最大の役割だった。その意味では、改元直前の「年号予想ブーム」と改元直後のお祭り騒ぎは、不謹慎どころか、意外に中世の年号観の伝統にかなった正しい行いだったのかも知れない。

ちなみに、テレビで私が予想した新しい年号は「永祥」――。司会者からその謂われを尋ねられて、「NHKに来る途中で通り過ぎた井の頭線の駅名（「永福町」「吉祥寺」）」と答える私の余裕綽々《しゃくしゃく》のボケをオチにして、番組は幕を下ろした。そんなもん、マジメに答えてどうする？　その後のテレビ番組で何人もの「有識者」が大真面目に漢籍を引っ張り出して必死で新しい年号を予想しているのを見て、「年号予想ブーム」の先駆者として、私は若干の悦《えつ》に入るのだった。

第7話　人身売買のはなし

餓身を助からんがため……

能「自然居士」

世阿弥《ぜあみ》（一三六三?～一四四三?）の父、観阿弥《かんあみ》（一三三三～八四）が作ったとされる能で、「自然居士《じねんこじ》」という作品がある。主人公の自然居士は、鎌倉時代の京都に実在した半僧半俗の説経師《せっきょうし》。彼の説法は庶民にもわかりやすい解説とパフォーマンスで知られ、彼が登壇する説法会はいつもファンで超満員だった。いわば当時のカリスマ・タレントである。

ある日、京都東山の雲居寺《うんごじ》というお寺での出来事である。この日は、寺の修繕費集めのための七日間におよぶ、自然居士スーパー説法ライブの最終日だった。境内は自然居士目当ての信心深い男女で大賑わい。そんな聴衆のなかに、死んだ両親の供養を願って、美しい小袖《こそで》をお布施《ふせ》として持参してきた一四〜五歳の少女がいた。

じつは彼女は、自分の身を人買い商人に売って、それで得た代金で小袖を買い、両親のための読経を依頼しにきたのだった。両親の供養のために我が身を犠牲にするとは、あまりにも切ない。この日がイベント最終日だったことを考えると、ここ数日の彼女の時間は、小袖を買うために方々に頭を下げてまわる金策に費やされたのか。あるいは、数日間の逡巡《しゅんじゅん》のすえ、ついに彼女は、この決心に行き着いたのか。

そんな彼女のお布施がわりの小袖を受取った自然居士は、一瞬でその深い事情を察知する。「これは少女がわが身を売って手に入れたものにちがいない」。しかし、彼にはどうしてやることもできない。小袖に添えられた手紙には、「こんなつらく恨めしい世など早く離れて、亡き父母とともに極楽の同じ蓮の花のなかに生まれ変われたら……」との哀切な思いも記されていた。

と、そこへ非情な二人の人買い商人が少女を捜しに現れる。少女はわが身を売った後、少しの時間が欲しいといって、雲居寺の説法会に出向いたのだった。しかし、彼らはそのまま彼女に逃げられてはかなわないと、しびれを切らして連れ戻しにきたのである。少女を見つけた人買いたちは、説法も聴かせず、そのまま無理やり彼女を引っ立てる。それを見ていた自然居士は、まわりが止めるのも聞かず、説法を中断して、そのまま小袖を手に彼らのあとを追って飛び出していく。

ところ変わって、琵琶湖のほとりの大津（現在の滋賀県大津市）。人買いたちは少女を陸奥《むつ》国（現在の東北地方東部）に売り払おうと舟に乗せ、いまにも漕ぎ出そうというところであった。少女は気の毒にも縄で縛られ、口には猿ぐつわがかまされていた。そこへ自然居士が追い付いて、待ったをかける。舟に取りついた彼は「小袖は返すから、少女を引き渡すように」と、人買いたちに交渉を持ちかける。これに対して人買いたちは、次のように答えて、自然居士の提案を一蹴《いっしゅう》する。

「返してやりたくても、そうはいかない。オレたちのなかには『大法《たいほう》』があって、それは『人を買い取ったら、ふたたび返さない』という『法』なのだ。だから、とても返すわけにはいかない」

これに対して自然居士も「それならば、私たちのなかにも『大法』がある。『こうして身を滅ぼそうという者を見かけたら、それを救出しなければ、ふたたび寺には帰らぬ』という『法』だ」と、反論する。腕っぷしが自慢の人買いたちは一歩も引かず、逆に自然居士は命も危ぶまれる状況に陥る。かくして、「そなたの法をも破り申すまじ、またこなたの法をも破られ申し候ふまじ（そちらの法も破るわけにはいかない。また、こちらの法も破るわけにはいかない）」。両者はにらみ合いの形勢となる。

中世の日本社会は、朝廷や幕府などの定める「大法」とはべつに、様々な社会集団に独自の「大法」があって、それが各々拮抗《おのおのきっこう》しながら、併存していたところに特色がある。人買いたちの「大法」も、そのうちの一つである。もちろん特定のコミュニティーのなかに固有のルールが存在すること自体は、現代の学校の校則や会社の就業規則を思い浮かべればわかるように、いつの時代でも決して珍しいことではない。ただ、当時の社会の独特なところは、ここでの人買いたちの態度からもわかるように、それが公的に定められた法に反するものであったとしても、彼ら自身、それを堂々と主張し、時としてそれが公的に国家が定めた法よりも優越することがありえたというところだ。話は「赤信号は渡ってはいけないが、現実にはそのルールを破る人もいる」といったレベルではなく、「赤信号は渡ってはいけない、というルールがある一方で、赤信号を渡って何の問題があるんだ、というルールも存在する」という状況だったのだ。

能「自然居士」は、その後、人買いたちの求めるままに自然居士が即興でみごとな舞をまってみせて、彼らを感嘆させ、少女の解放に成功するというハッピーエンドで終わる。しかし、これはあくまでフィクション。現実の人身売買の現場では、そうはうまくいかなかっただろう。まして人買いたちの行為は、「大法」によって守られていたのである。今日は、そんな人身売買という中世日本のダークサイドの実態と、それを成り立たせていた社会の実像を考えてみよう。

東国はフロンティア

室町時代の文芸作品で人身売買を主題にしたものは、他にも意外に多い。なかでも有名なのは、能「隅田川《すみだがわ》」だろう。幼いひとり息子、梅若丸《うめわかまる》を人買い商人に誘拐されてしまった母が、遠く京都から武蔵国《むさし》(現在の東京都と埼玉県)の隅田川まで、行方を追い求めて訪れるという話である。わが子を奪われた悲しみに半狂乱で隅田川までたどり着いた母は、渡し舟の船頭から、梅若丸は去年の三月一五日にこの川のほとりで息絶えていたことを聞かされる。

慣れない旅路で体調を崩した幼い梅若丸は川岸まで来たところで動けなくなったため、人買いたちに捨てられ、そのまま息を引き取ったのだった。亡くなる直前、梅若丸は地元の人々に自身の素性を語り、せめて死後も都を懐かしむために、都の人々も往来するであろう、この道端に塚を築いてくれるように言い遺す。以来、近所の人々は梅若丸の塚のまえで大念仏を催して、少年の霊を慰めているのだった。息子の非情な運命を知った母は塚のまえで悲嘆に暮れるが、最後にわずかな救いとして、大念仏の声に混じって微かながら梅若丸の声とその姿が現れ、幻想的な気配を残したまま物語は終局を迎える。

この作品の場合は、「自然居士」と違って、みずからの意志で身売りするのではなく、人買い商人に騙されて売られてしまったケースであるが、似たような能は「桜川《さくらがわ》」「信夫《しのぶ》」「浜平直《はまならし》」「婆相天《ばそうてん》」「稲舟《いなぶね》」など数多い。それだけ、当時の社会で人身売買はありふれた「悲劇」であったということなのだろう。

「自然居士」でも「隅田川」でも、売られた先で彼らを待ち受ける運命は詳しく描かれていないが、当時、売られた男女は「下人《げにん》」とよばれる奴隷とされ、裕福な家の召使いとして使役されることになった。「自然居士」では、少女は縄で縛られ、猿ぐつわをかまされ、時に人買いたちに舟の櫂《かい》でさんざん殴られたりしているし、「隅田川」では梅若丸は重病を患うと、そのまま道端に捨てられてしまっている。まさに非人間的な「奴隷」としての扱いである。ちなみに、当時の人身売買の標準相場は一人につき銭二貫文。現代の価値には単純に換算できないが、米相場から類推すれば、一貫文はおよそ一〇万円ぐらい。つまり、わずか二〇万円ほど、安い中古バイク一台ていどの値段で、人間ひとりが売買されてしまうのである。

鎌倉後期、大隅国《おおすみ》（現在の鹿児島県東部）の建部清綱《たけべきよつな》という武士が、財産を子供たちに相続させるために作成した財産目録が残されている（『禰寝文書《ねじめ》』）。それなどを見ると、彼の所有していた下人は、なんと九五人にものぼる。なかには下人同士で夫婦や家族を構成していた例も九組（二七人）あり、おそらく彼らについては、独立して住居を営んでいたのだろう。ただ、独身男性一八人・独身女性二二人・父子家族三組（七人）・母子家族九組（二一人）については、建部氏の館のなかで共同生活を強いられていた可能性が高い。

また、同じく鎌倉後期、安芸国の田所遠兼《たどころとおかね》という武士の財産目録にも、男性五五人、女性二人の下人がリストアップされている（『田所文書』）。女性下人の記載は途中で欠けている。おそらく女性が二人だけというはずはなく、本来は男性と同数、全体でやはり一〇〇人前後の下人がいたものと思われる。彼らは館内の家事だけではなく、主人が領有する広大な田畑の耕作に従事させられたのだろう。ここまで来ると、もはや「企業」といってもいい規模である。しかも、これらの目録はいずれも遺産相続を前提にして作成された文書なので、彼ら下人たちは主人の死後、〝財産〟の一部として遺族たちで分配されてしまうのである。

こうした富豪による大土地経営が大規模に展開されたのが、とくに東北地方だった。当時、畿内や西日本は政治・経済の中心地であったということもあり、田畑の開発は限界近くまで進み、飽和状態に近かったが、東北地方はいまだ未開の荒野が広がるフロンティアだったのである。そこにはまだ土地は無限にあり、労働力を投下すればするだけ、富を生み出す余地があった。当然ながら、東北地方での労働力需要は高かった。

さきの「自然居士」で、少女を売り飛ばそうとした人買いたちが大津から琵琶湖を渡ろうとしたことを思い出してほしい。彼らは少女を最終的には陸奥国へ売り飛ばそうとしていたのである。また「隅田川」でも、かどわかされた梅若丸はやはり都から武蔵国へと連れられていった。その他、「桜川」の桜子は、生国の日向国《ひゅうが》（現在の宮崎県）を遠く離れた常陸国《ひたち》（現在の茨城県の大半）で身売りをしているし、「稲舟」は、京都ではぐれた子が売られた先の最上川《もがみがわ》（現在の山形県）で父と再会する話である。いずれも人身売買のベクトルは東国（とくに東北地方）へと向かっている。それだけ、当時、身売りしたり、かどわかされた少年・少女は、フロンティアである東国に投入されるというのが定番だったのだ。

そのためか、陸奥国の戦国大名伊達稙宗《だてたねむね》（一四八八～一五六五）が定めた領国内の法律（分国法）には、下人の所有をめぐる主人間のトラブルに関する規定が具体的で目立って多く、逆に土地領有をめぐる規定は少なく、内容も形式的である。それだけ当時の東北地方では、労働力の奪い合いが紛争の焦点になっていたのだろう。中世末期の日本の農業開発は、彼ら下人たちの辛苦で担われていたのである。

飢饉は法を超える

それにしても、人間をまるでモノのように売買する「人身売買」などと聞くと、現代に生きる私たちは、まったくおぞましい忌むべき話にしか感じられない。ところが、話はそう簡単に善／悪で割り切れるものではなかった。

延応元年（一二三九）四月、鎌倉幕府は次のような法令を出している（現代語訳）。

一、寛喜《かんぎ》の大飢饉（一二三〇～三一）のとき、餓死に瀕して売られた者については、彼らを買い取って養育した主人の所有を認可した。本来、人身売買はかたく禁じられていることであり、これは飢饉の年だけの特例措置である。しかし、その後になって、身売りした者を飢饉のときの安い物価で買い戻そうというのは、虫が良すぎる話である。ただし、売買した双方が納得ずくで現今の相場で買い戻すのなら問題はない。

寛喜の大飢饉とは、日本中世を襲った飢饉のなかでも最大級のもので、当時「全人口の三分の一が死に絶えた」（『立川寺年代記』）といわれたほどの大災害である。わが国では古代以来、原則的に人身売買は国禁とされていたが、このとき鎌倉幕府は時限的に超法規措置として、人身売買を認可したのである。その理由は、餓死に瀕した者を養育した主人の功績を評価して、とのことだった。

もちろん、それは表向きの理由で、実質はこの機会に貧乏人の足元を見て下人を買いあさり、経営を拡大しようとする富豪たちの利益を幕府が保護しようとした、と考えることもできる。しかし、幕府法以外でも、飢饉における人身売買は特例である、という意識は思いのほか社会に浸透していたようだ。次に紹介するのは、この頃に父母がわが子を他人に売却したり、質入れした人身売買文書のなかの一節を現代語訳したものである。

＊「去る寛喜の大飢饉のとき、父も息子二人も餓死寸前であった。このまま父子ともに餓死してしまっては意味がない」（一二三歳と八歳、代四〇〇文と一一〇文、一二三六年、『嘉禄三年大饗次第紙背文書』）

＊「この子は飢餓で死にそうです。身命を助けがたいので、右のとおり売却します。……こうして餓身を助けるためですから、この子も助かり、わが身もともに助けられ……」（八歳、代五〇〇文、一二三〇年、『仁尾賀茂神社文書』）

＊「今年は飢饉で、このままではわが身も子供も飢え死にしてしまうので、子供をご家中に置かせてもらいます」（九歳、代二〇〇文、一二三八年、『池端文書』）

これは現代まで残された人身売買文書の一部に過ぎないが、いずれも飢饉でやむを得ずわが子を売却するのだ、という親の心情が切々と綴《つづ》られている。このうち、まず注目してもらいたいのは、ここでの彼らの売却価格である。さきに述べたように、当時の人身売買の相場は一人二貫文である。それに比べて、彼らは五〇〇文から一一〇文と、相場の1／4から1／20の値段（ほぼ五万円から一万円！）で売却されてしまっている。それだけ飢饉時には困窮者や破産者が続出して、人身売買相場も異常なデフレ現象をみせていたのだろう。ただでさえ人身売買は禁じられているのに、こんな破格の値段での人身売買は到底許されることではない。

しかし、それでも飢饉時の人身売買は幕府も黙認せざるを得なかった。理由は、これらの文書に綴られているとおり、「餓身《がしん》を助からんがためにて候」、あるいは「父子ともに餓死の条《じょう》、はなはだ以てその詮《せん》なし」。すなわち、このままでは当人も親も餓死してしまう、死んでしまうぐらいなら、一人が下人に身を落として、当人も親も助かるほうがマシである、というギリギリの選択だった。「自由や尊厳を奪われるぐらいなら名誉ある死を」というのは、それ自体、聞こえのいいものだが、それはしょせん衣食住が満たされた者のぜいたくな望みなのかも知れない。それよりも、ともかく「生きる」こと、それが彼ら中世人にとっての価値だったのである。

こうした当時の人々の意識に押されて、鎌倉幕府も飢饉下の人身売買には目をつぶらなければならなかったし、本来違法である人身売買でも、その売買契約書に「飢饉下である」旨が記載されていれば、合法扱いとされたのである（さきに挙げた人身売買文書の一節も肉親の情愛が吐露《とろ》された文面とみることもできるが、一方で、本来は違法である廉価《れんか》の人身売買契約を合法化するため、主人側から求められて書かされた可能性もある）。この後も戦国時代まで、日本中世では「飢饉」や「餓死」を理由に、人身売買は半ば合法化されることになる。飢饉にともなう人身売買は、中世社会を維持するためのサブ・システムとして、社会の構造に組み込まれていたわけである。

人買いの「正義」

さて、そう考えると、冒頭で紹介した「自然居士」で、人買い商人たちが主張した「人を買い取ったら、ふたたび返さない」という「大法」も、あながち不当な言い分とはいえなそうである。さきの延応元年の鎌倉幕府法の前段では、飢饉下では特例として人身売買を公認したと述べていたが、その後段では、「しかし、その後になって、身売りした者を飢饉のときの安い物価で買い戻そうというのは、虫の良すぎる話である」という文章が続いている。これは、人買いたちのいう「人を買い取ったら、ふたたび返さない」という主張によく似ている。

日本を揺るがした未曾有の大飢饉が収束して八年、当時、破格の値段でわが子を手放した親たちが自身の生活を立て直し、あのときに手放したわが子を買い戻そうという動きが全国で現れていた。しかし、問題なのは、その際の値段交渉である。飢饉下では貧乏人の足元をみて二束三文に買い叩いておきながら、飢饉が収まったら、常識的な相場でないと返さないなんて、あまりに悪辣《あくらつ》だ、というのは親たちの当然の言い分だろう。しかし、さきの人身売買文書で売買対象になった者たちの年齢に注目してほしい。ほとんどが一〇歳未満なのである（これは数え年なので、現代の年齢なら九〜八歳未満にあたる）。これは現存する他の人身売買文書についてもいえることだが、飢饉下で身売りをする下人というのは、ほとんどが現代なら小学生ていどの年齢なのである。無理やりに働かせることもできなくはないだろうが、まず成人と同じ労働量は見込めないだろう。それでも生きている以上は、彼らに食事や衣服は与えなければならない。

だとすれば、もし飢饉収束後に飢饉当時と同価格での買い戻しが認められてしまったら、下人を購入した主人たちは、将来への投資として彼らを養育しておきながら、その投資をまったく回収できないことになってしまう。これでは、バカをみるのはタダ飯を食わせた主人たちである。不景気のときは平身低頭して身売りしておきながら、景気が良くなったら恩を忘れて、現在の物価を無視して買い戻そうとするなんて、ありえない。これは、主人たちの側の当然の言い分だろう。鎌倉幕府法で飢饉当時の価格での買い戻しを禁じているのも、それなりに意味のあることだったのである。

現存する人身売買文書のなかには、「飢饉のため当時（＝現在）の二〇〇文は、日頃の二貫文にも当たり候」という一文を書き加えているものもある（『池端文書』）。これも、後日、購入価格が不当であるというクレームをつけさせないために、購入者側の要望で加えられた一文なのだろう。おそらく「自然居士」の人買い商人たちが「人を買い取ったら、ふたたび返さない」というのも、購入時の相場と買い戻し時の相場の激変があることを見越して、そうしたトラブルを未然に防ぐために生み出した法慣習と見るべきだろう。「正義」の反対は

「悪」ではない。「正義」の反対には「もう一つの正義」が存在していたのである。

悲劇の誕生

東京都墨田区の隅田川沿いの公園に、木母寺《もくぼじ》という寺がある。そこは能「隅田川」に出てくる、母に逢うことなく死んだ梅若丸少年を祀る寺で、寺内にはガラス張りの梅若念仏堂、隣には梅若丸を葬った梅若塚が残されている（寺号の「木母」は「梅」を二字に分割したもの）。「隅田川」のストーリー自体はフィクションであるが、室町時代には無数の「梅若丸」がいたはずで、そうした悲劇をいまに語り伝える遺跡といえるだろう。毎年、梅若丸が絶命したとされる四月一五日（旧暦三月一五日）には、「梅若忌」が営まれている。春は、現代人にとっては生命の活力蘇る季節として花見だ入学式だと喜ばれるが、中世では三〜四月は、前年秋の収穫物を消費し尽くして、五月の麦が収穫される前の、最も飢餓に襲われやすい過酷な季節だった。実在の「梅若丸」たちも、この時期に身を売られたり、儚《はかな》くなったにちがいない。梅若丸の命日が「三月一五日」というのも、そんな中世の記憶を反映しているのかも知れない。

室町時代は飢饉や戦乱で人身売買がさらに盛んに行われた時代だが、唯一の救いは、そうしたなかで、「自然居士」や「隅田川」など人身売買を「悲劇」とする文芸が多数生まれたという点だろう。一方では鎌倉時代以来の「餓身を助からんがため」人身売買を許容する風潮も根強くあったが、時代はしだいに人身売買を「悲劇」として語るようになり、人々に

「人身売買は克服すべき悪弊《あくへい》である」という自覚が生まれていったのである。ここに、わずかながらの歴史の「進歩」を認めることができるかも知れない。

天正一八年（一五九〇）四月、小田原北条氏を滅ぼし天下統一を果たした豊臣秀吉は、関東の大名たちに宛てて人身売買の全面禁止を命じている。とくに東国は、人身売買が野放しの土地柄だった。「東国の習いとして女・子供を捕えて売買する者たちは、後日でも発覚次第、成敗を加える」（真田昌幸宛て朱印状）。中世から近世へ、時代は人身売買を必要悪として黙認する社会から、それを憎むべき悪弊とする社会へと変化していったのである。

しかし、残念ながら現代の日本社会においても、「奴隷」は存在している。借金で縛られ、あるいは口ぐるまに乗せられ、体罰や脅しによって自由を奪われ、売春や不当な低賃金長時間労働を強いられる人々は、明確に「奴隷」と定義される。国際ＮＧＯのウォーク・フリー・ファンデーションによれば、その数はわが国だけで三万七〇〇〇人にものぼるという（二〇一八年現在「世界奴隷指標」）。人間を隷属させることを「悲劇」とする発想を中世日本人は獲得したものの、いまだそれを完全に克服した社会は訪れていないのである。まだ私たちは長い歴史の発展途上にいる。この事実のもつ意味は、重い。

第8話　国家のはなし

ディストピアか、ユートピアか？

銭一〇〇文は何枚か？

戦国時代に書かれた笑い話集『醒睡笑《せいすいしょう》』という本に、こんな話が見える。

伊勢《いせ》桑名《くわな》（現在の三重県桑名市）に喜蔵庵《きぞうあん》というケチ坊主がいた。ある日、客が来たのに、本人は寝室に入ったきり出てこない。怪しんで客が寝室を覗《のぞ》いてみると、喜蔵庵はまるで生死を賭けたような思いつめた表情で、短刀を抜いて「さし銭」をつないだ縄を切ろうとしたまま、凝り固まっているではないか。当時、銭は真ん中の穴のあいた部分に縄を通し、一〇〇文単位で一本に結わえておくのが原則だった。こうしてつながった状態の銭束を「さし銭」という。喜蔵庵は、このさし銭と短刀を必死の形相《ぎょうそう》で睨《にら》みすえていたのである。「どうしたんですか？」。恐る恐る客人がわけを尋ねてみると、喜蔵庵はこういった。「そうなんです。このさし銭の縄を切ろうか、それぐらいなら切腹しようか。ちょうど思い悩んでいたところなんです……」。

つまり、このドケチ坊主は来客の接待のため銭縄を切ってバラして使おうか、いや、そんなもったいないことをするぐらいなら、いっそ死んでしまおうか、と思い悩んでいた、というのである。銭一〇〇文は、現在の貨幣価値にすると、およそ一万円ていど。それと命を天秤《てんびん》にかける、あきれた吝嗇家《りんしょくか》、というのが、この笑い話のオチである。

この話を収めた岩波文庫では、わざわざ注をつけて、このオチに次のような解説を付け加えている。「高額紙幣をくずすと、なしくずしに使ってしまうのと同じ理屈。一〇〇文の銭もまとめて銭縄でつないでおけば、減らない」。なるほど。皆さんにも覚えがあるだろう。財布のなかの一万円札は、そのままにしておくと割といつまでも減らないが、いちど買い物をして一〇〇〇円札に崩してしまうと、あれよあれよと驚く間に使い切ってしまう。あくまで気持ちの問題だが、ドケチの喜蔵庵は、そのことを憂えていた、というのである。しかし、残念ながら、この岩波文庫の解釈は成り立たない。当時は気持ちの問題ではなく、さし銭をばらしてしまうと、本当に金額が減ってしまうのだ。

さきほど中世社会では、銭一〇〇文を銭縄でつないで束《たば》にするのが原則だったと述べたが、「一〇〇文」が一〇〇枚の銭であるとは限らなかった。実際、当時の遺跡などで発掘されるさし銭の枚数は一〇〇枚であることはほとんどなく、九七枚であったり九六枚であったり、だいたい数枚足りないのが一般的だった。つまり、ちょっと信じられない話なのだが、当時の人たちは厳密には一〇〇枚に満たないさし銭を、それを承知のうえで一〇〇文とみなして使用していたようなのである。こうした当時の銭の通用ルールを、省百法《しょうびゃくほう》という。

今ならさしずめ、銀行の札束に帯封《おびふう》がされて「一〇〇万円」とみなされているが、実際に厳密に数え直してみると、二、三万円抜かれている、といった話である。当時は銀行のようなものはなく、さし銭は誰でも作れたから、おそらくそこで浮いた利得は銭縄をこしらえた人のものになったのだろう。反対に、受け取ったさし銭はそのまま使えば一〇〇文として使えるが、トランプのババ抜きと一緒で、最後に受け取った人が必要があってそれをバラしてしまうと、その人が損をしてしまうことになる。喜蔵庵が思い詰めていたのも、（切腹するほどではないが）それなりに理由のあることだったのだ。

想像を超える多元的・多層的な社会

では、この省百法のルールは、なぜ当時の人たちに受け入れられていたのだろうか？「一〇〇文」といって渡された銭が実は九七文しかなかったら、少額とはいえ誰でも頭にくる。当時の人たちは、この浮いた数文の利得を、どんなものと理解して納得していたのだろう？　さし銭を作成した者への手間賃《てまちん》、慢性的な銭不足への対応策（当時の銭は中国からの輸入銭だった）、中国の短陌法《たんぱくほう》（省百法と似た中国の慣習）の影響、などなど。様々な解釈が出されているが、確定的なことはまだよくわかっていない。確かなのは朝廷や鎌倉幕府や室町幕府が「省百法にせよ」といった法令を出した形跡はまったくなく、それが一般社会の商慣行として生まれたということだ。

後世に伝えられるところによれば、関東の山内上杉《やまのうちうえすぎ》氏の領国などでは、一〇〇文＝九六枚のルールだったという。発案者である上杉家重臣の長尾景春《ながおかげはる》（一四四三〜一五一四）によれば、そのメリットは、九六枚ならば三でも割れるし（32枚×3）、さらにそれを二つに割れるし（16枚×6）、さらにそれを二つに割れるし（8枚×12）、さらに二つに割れるうえ（4枚×24）、さらにさらに二つに割れ（2枚×48）、最後は一枚ずつになるまで割れる（1枚×96）。みんなで分配するとき、九六枚は便利な数字だ、というのだ（『甲陽軍鑑』末書）。なんか騙《だま》されているような気もするが、96は100よりも約数が多いのは事実で、一〇進法に慣れた私たちには想像もつかない発想だが、これはこれで一理ある（実際、「九六銭《くろくせん》」とよばれ、江戸時代には九六枚のさし銭が多数派になる）。

あるいは、室町時代の記録には「赤間《あかま》ヶ関《せき》（現在の山口県下関市）から西は一〇〇枚、東は九七枚」という記述も見える（『大乗院寺社雑事記』）。この記述などは、渡来銭の窓口である九州には銭が多くあるので省百法は採用されないが、慢性的に銭不足の本州では省百法が採用されたと考えれば、日本国内の銭不足が省百法採用の一因であったとする説に、いちおう有利な材料ともなりそうである。

しかし、現実には一〇〇文を九八枚とするか九七枚とするか九六枚とするかは、地域や状況によって、まったくまちまちだった。広島県福山市で発掘された草戸千軒町《くさどせんげんちょう》遺跡という有名な町場の跡から出土した銭などは、一束につき一〇七枚（一〇〇枚より多い！）から八二枚まで、とんでもなく枚数の違う、さし銭が混在していた。実際には「赤間ヶ関から西は……」というほど綺麗に地域ごとに分かれるわけではなく、当時、銭一〇〇文を何枚とするかは、地域や状況によって、まったくバラバラだったようだ。

「枡のはなし」で、「中世の枡は地域によってバラバラだった」という話をしたが、それは枡だけの話ではなかったのである。同じことは、枡や銭以外にもいえる。たとえば、距離について。中世では、大きく分けて西日本では一里＝三六町（約三・九キロ）、東日本が一里＝六町（約六五〇メートル）で、同じ「一里」とよばれる距離でも東西で六倍もの開きがあったのだ。二つの基準の境界は、現在の静岡県・長野県あたりだった。そのため二つの地域をまたぐエリアでは、一里あたりの荷物の輸送料が途中で大きく変動してしまうことになる。

なんでこんなことになったのかといえば、もともと古代では一里は五町ないし六町だったのだが、これが面積表記の一里（＝六町×六町）と混同されてしまい、中世になると一里＝三六町という新基準が生まれてしまったようなのだ。また、これに加えて、地域によっては一里が四八町（約五・二キロ）のところもあれば、五〇町（約五・四キロ）のところまであった。これでは旅人や商人がどこか知らない土地に出かけようというとき、かなり混乱したにちがいない。はたして旅人や商人たちは、土地の人とちゃんと意思疎通ができたのだろうか……？

中世日本は分権的な社会で、鎌倉時代については西に朝廷、東に幕府という二つの中心があり、戦国時代になると、それがさらに大名の領国ごとに細かく分裂していく。しかし、現実の社会はそれどころではなく、容積、距離、通貨換算法にいたるまで、さらに細分化されたアナーキーな実態をもっていたのだ。公権力に頼らず、すべてを当事者の「自力《じりき》」で解決する自力救済原則。神仏に対する呪術的な信仰心の篤《あつ》さ。それに加えて、政治・経済・社会の諸分野における多元的・多層的な実態。これらは、日本の中世社会の三大特質といっていいだろう。

ゴースト・オブ・ツシマ

では、こんなにもアナーキーな実態をもつわが国は、同時代の外国からはどんなふうに見られていたのだろうか。室町幕府は、大陸の明《みん》帝国と半島の朝鮮王国と、ながく通交関係を維持してきた。このうち朝鮮王国とのやりとりについては、朝鮮側の史料『朝鮮王朝実録』に詳細な情報が記されている。当時、室町将軍は「日本国王」と称し、たびたび幕府重臣を介して朝鮮王朝に使者を送り、交易を行っていたことが、その記録から判明する。

ところが、その『朝鮮王朝実録』のなかには、次のような不思議な名義の使節団が幾度《いくど》も登場する（年代は派遣年、人名は使節を派遣した幕府重臣の名前である）。

一四五五年　管提（管領《かんれい》？）畠山義忠（当時の管領は細川勝元）

一四六五年　管提（管領？）畠山義就（当時の管領は畠山政長）
一四七〇年　山名義安（実在せず）
一四七〇年　管領畠山義勝（実在せず）
一四七〇年　細川勝氏（実在せず）
一四七〇年　細川持賢（本人は六八年に死去。官職記載誤り）
一四七〇年　山名教豊（本人は六七年に死去）
一四七三年　京極生観（本人は七〇年に死去）
一四七三年　山名教豊（本人は六七年に死去）
一四七三年　管領畠山義勝（実在せず）
一四七四年　管領畠山義勝（実在せず）
一四七九年　伊勢政勝（実在せず）
一四八〇年　管領畠山義勝（実在せず）

室町幕府の主な重臣は、管領（将軍補佐役）を務める三家（斯波《しば》・細川・畠山家）と、侍所頭人《さむらいどころとうにん》（京都行政責任者）を務める四家（山名・赤松・一色《いっしき》・京極家）の大名家から構成されていた。ここに名前のあがっている人物は、一見するとそれらの重臣の家々の姓を名乗っており、「日本国王」の使者を派遣する人物としては差し支えないように思える。ところが、よくよく調べてみると、彼らは実際には日本側史料に存在の確認できない人物であったり、すでに死去している人物であったり、実在していたとしても官職名に誤りがあったりするのである。では、いったい彼らは何者なのか？

じつは、彼らは室町幕府のまったく与《あずか》り知らないところで朝鮮国に派遣された、ニセモノの国家使節団だったのである。

当時、正式な国家使節団は、帰国に際しては朝鮮王朝から多大な返礼品がもらえるうえ、堂々と交易を行うこともできた。そのため、実在する幕府要人の名前を微妙に一文字だけ変えるなどして、それらしく国家使節団を装って朝鮮王朝に接触する不届き者たちが後を絶たなかったのである。つまり彼らは、返礼品や交易の利益目当ての〝なりすまし詐欺《さぎ》〟集団だったのだ。

しかも、さきの一覧は、たまたま目敏《めざと》い現代の研究者によって尻尾をつかまれた者たちだけである。なかには、ちゃんと実在人物、存命人物をリサーチしたうえで〝なりすまし〟に成功した使節団もいただろうから、実際には室町時代の「日本国王」使節団は、かなりの確率で〝なりすまし詐欺〟集団だっただろうと考えられている。

もちろん朝鮮王朝側も、次々と〝たかり〟にやってくる怪しげな使節団を、かなり胡乱《うろん》な眼で見ていた気配である。しかし、詐欺集団もなかなか狡猾《こうかつ》で、ニセモノの国書を用意したうえで、文中で朝鮮国王のことを「皇帝陛下」とか「今上《きんじょう》皇帝」と持ち上げることを怠らない（前近代の東アジア国際秩序において、「皇帝」を名乗ることができるのは中華皇帝だけであり、これは明らかに持ち上げすぎで、かえって怪しいのだが……）。あるいは、ずっと同じような名義を使って〝なりすまし詐欺〟をやり続けるわけにもいかないので、適度に名義の変更も行っていた。なかには、「自分たちは北海道の東、千島列島に君臨する『夷千島王《えぞちしま》』の使者だ」と、ありもしない北海王国まで作り上げてやってくる猛者《もさ》までいた（かつて、この『朝鮮王朝実録』の記載をもとに、千島列島にアイヌ民族の独立王国が存在したという説が唱えられたこともあるが、現在ではほぼ否定されている）。

しかし、それらに対して、朝鮮王朝側はうすうす詐欺であることに気づきながらも、一〇〇年以上にわたって波風を立てず、彼らを国家使節として遇してきた。『朝鮮王朝実録』によれば、朝鮮の官人たちは「ヘンに刺激して倭人《わじん》たちが暴れると面倒だから、ここは穏当に対応しよう」と述べており、明らかにそれとわかりながらも、ことを荒立てることを避けていた様子である。

室町時代、東シナ海周辺を荒らしまわる海賊集団は、「倭寇《わこう》」とよばれて周辺の国々から恐れられていた。じつは「日本国王」使節団を名乗る国際詐欺集団は、彼ら海賊たちの洗練された姿だったのだ。とくに、この時期の朝鮮国との通交は、国境にある対馬の宗《そう》氏に幕府から一括して委ねられ、違法交易のチェック業務は彼らがすべてを担っていた。しかし、どうも一連の国際〝なりすまし詐欺〟集団は、この対馬の宗氏と博多の商人あたりが結託して組織したものだったらしい。彼らが独占していた外交ノウハウは、〝なりすまし詐欺〟にも応用可能なものだったのだ。幕府の外交統制はまったく機能せず、彼らは海賊や違法交易を取り締まるどころか、海賊集団の頭目《とうもく》として国際的詐欺犯罪を主導すらしていたのである。

ちなみに、豊臣秀吉による天下統一が実現された一五九〇年、朝鮮から金誠一《キムソンイル》（一五三八〜九三）らの使節団が、秀吉の要請をうけて日本を訪れた。長びく戦国争乱の影響により、朝鮮使節が日本の土を踏むのは、じつに一五〇年ぶりのことだった。しかし、彼らはここで初めて真実を知り、おのれの耳を疑うことになる。なんと、この国には、それまで彼らが交易相手としていた「京極・細川等」の大名たちは誰一人おらず、「大内殿」も「少弐殿」も、いずれも遥か遠い昔に滅亡してしまっていたのだった（『鶴峯集』巻五）。怪しいとは思っていたが……。愕然とする朝鮮使節たちの顔が目に浮かぶ。国際〝なりすまし詐欺〟集団は、一世紀半にわたって一つの国家を騙し続けていたのである。外交使節すらもおちおち信用できないわが国は、隣国にとっては、さぞ恐ろしく、不可解な存在だったことだろう。

世界が一つの国だったら……

政治権力が分裂しているだけでなく、枡も通貨換算法も、距離単位までもがまちまちで、ローカル・ルールの落差が尋常ではない。おまけに、対外的に国家を代表する「日本国王」使節を名乗るのは、海賊まがいの詐欺集団。現代なら「破綻《はたん》国家」「崩壊国家」とよばれてもおかしくない、当時の日本社会の実態、いかがだったろうか。

「中世」は、日本の歴史のなかでも最もアナーキーな時代であり、対外的にも対内的にも「国家」としての建前がかろうじてギリギリで維持されている社会だった。もちろん、「こんな滅茶苦茶な時代に生まれなくてよかった……」と胸を撫《な》でおろすのは自由だが、そんな社会から学ぶべきことが何もない、とは思えない。

最近、法哲学者の井上達夫さんが書かれた『世界正義論』（筑摩選書）という大著を読んでいて、興味深い洞察に出会った。「世界正義はいかに実現できるのか」という崇高な問題を一貫した主題とする本書の終盤で、著者は「世界政府は人々を幸せにするか」という大きな疑問を読者に投げかけている。

現代、地球上の戦争や圧政、それによって生ずる貧困や不幸の一因が「国家」という存在自体にあることは、残念ながら否定しようのない事実である。ならば、それらの元凶《げんきょう》である「国家」を一律に廃して、世界を一つの政府、「世界政府」にしてしまえば、みんなが、もっと幸せに暮らせるのではないか？　実現可能かどうかは別にして、そんな夢想を誰もが一度は抱いたことがあるだろう。ところが、著者は「世界政府は専制の極限形態である」という哲学者カントの言葉をひいて、この甘い子供じみた幻想を打ち砕く。

著者の述べる「世界政府」の弊害は多岐にわたるが、そのうちの一つに「離脱不可能性」があげられている。邪悪な権力者や無能な為政者が出現したとき、それらが生み出す災厄から逃れるため、人には人間的自由獲得のための最後の方法として、その国家から逃走するという手段が残されている。あるいは、その国が、かりにどんなに素晴らしい国と目《もく》されていたとしても、その国の多数派の人たちが奉ずる価値に共感できない人というのも、必ず生じるはずである。そうした人々にとって、その国以外の別の国家に避難場所があるというのは、間違いなく最後の救いである。その意味では、多様な国家が分立している現代の世界は不安定である反面、「様々な主権国家の存在が、完全ではないにしてもそれなりの保護機能をもった様々な避難場所を諸個人に提供している」ともいえる。

ところが、それが一つの「世界政府」によって統合されてしまったら、どうなるだろうか？　個人の自由を守るための最後の手段としての国家からの離脱は、当然、不可能となる。「世界政府」は、歴史上のいかなる国家よりも巨大であるがゆえに、それが悪用・乱用されたときの弊害はとてつもなく大きい。また最終的な安全装置（避難場所）を欠いているという点で、真に絶望的な存在である。もう私たちに逃げ場所はない。

すべてが一つに統合された社会が、本当に幸せな社会なのか。はみだし者に行く場所がない社会が、本当に豊かな社会なのか。私たちの生きている社会、私たちが向かおうとしている社会は、本当にユートピアなのか？　ひょっとしたら、それはディストピアではないのか？　わが先人たちが生きたアナーキーでハードボイルドな社会は、私たちの〝あたりまえ〟を足元から揺るがす破壊力をつねに秘めている。

第3部
中世人、その愛のかたち

第9話　婚姻のはなし

ゲス不倫の対処法

女たちの復讐

「みなさんは〝うわなり打ち〟って聞いたことありますか？」

この問いかけで始まる授業を、私はもう何年繰り返しただろう。大学の教壇に立ってかれこれ一〇年以上になるが、毎年、大教室の講義で話題にすると妙に盛り上がるのが、このネタである。漢字で「後妻打ち」と書いて、「うわなりうち」と読む。その内容を簡単に説明すれば、こういうことになる。

妻のある男性が別の女性に浮気をする。というのは、好ましいことではないにせよ、現代でも時おり耳にする話である。しかし、これが「浮気」ではなく「本気」になってしまったとき、悲劇は起こる。夫が現在の妻を捨てて、べつの新しい女性のもとに走る。そんな信じがたい事実に直面したとき、現代の女性たちならどうするだろうか？　ただ悲嘆に暮れて泣き明かす？　証拠を揃《そろ》えて裁判の準備？　週刊誌に告発？　あまい、あまい。そんなとき、過去の日本女性たちは、女友達を大勢呼び集めて、夫を奪った憎い女の家を襲撃して徹底的に破壊、ときには相手の女の命を奪うことすら辞さなかったのである。

これが平安中期から江戸前期にかけてわが国に実在した、うわなり打ちという恐るべき慣習である。夫に捨てられた前妻（古語で「こなみ」という）が仲間を募って後妻（古語で「うわなり」という）を襲撃するから、その名のとおり、うわなり打ち。今日は、そんなうわなり打ちの習俗を題材にして、日本史上の女性の地位と婚姻制度の関係について考えてみたい。

ハレンチ代官の罪状

その凄惨な事件は、室町時代の中頃の備中《びっちゅう》国上原郷《かんばらごう》（現在の岡山県総社市）という荘園で起こった。上原郷は京都の東福寺が支配する所領で、京都から代々東福寺の僧が代官として派遣されて、荘園の管理業務が執り行われてきた。ところが文安元年（一四四四）一二月、その代官の不正に耐えかねた百姓たちが、荘園領主である東福寺に対して告発状を送りつけ、その非法の数々を暴露したのである（『九条家文書』）。

代官の名前は、光心《こうしん》。室町期の荘園史上、最もハレンチな代官として、その悪名を知られた人物である。彼に対する百姓たちの告発状は、一七ヶ条にも及ぶ。その一部を紹介すれば、以下のとおりである。自分の田地の耕作のために、郷内の男女を食事もやらずに日の出前から日没後まで強制的にこき使う。困窮して年貢を支払えなくなった百姓たちの年貢滞納額を、そのまま借金として貸し付けたことにして、そのうえどんどん利子を加えていく。本来、上原郷は東福寺領荘園として、備中国守護であろうとも手出しできない特権が認められていたにもかかわらず、備中守護細川氏とつながり、まるで上原郷を細川氏の所領のようにしてしまう。あげくは、ことあるごとに「東福寺がオレを任期途中でクビにしたら、この荘園を守護領にしてやる」と、脅迫まがいのことを口にする、などなど。

この手の告発状の常として、書かれていることのすべてが真実とは限らない。とくに告発状の最後で守護細川氏による荘園侵犯の危険が述べられているくだりは、光心の存在が自分たち百姓だけでなく、それを放置すれば荘園領主にとっても害悪になりうるということを匂《にお》わせていて、東福寺への巧妙な揺さぶりとなっている。むしろ、ここからは光心の横暴さよりも、当時の百姓たちの交渉能力の高さを読み取るべきかも知れない。しかし、この前後に東福寺も光心の周辺の独自調査に乗り出しており、そこで得られた情報も、おおよそ同じようなものだった。光心が東福寺の眼が届かないのを良いことに、公私混同を極めて私腹を肥やしていた事実は、揺るがないようだ。

嫉妬に狂う未亡人

さて、この告発状のなかでも、とくに目を引くのが、禅僧にあるまじき光心の醜聞《スキャンダル》の数々である。光心は、とんでもない女好き坊主だったのだ。なかでも彼がご執心《しゅうしん》だったのが、上原郷の西、山田という土地に住む長脇殿の未亡人だった。この直前、上原郷では「山田入道」とよばれる人物が没落して、その所領が光心の黙認のもと細川氏の支配下に入っている。あるいは夫であった長脇殿も、そうした郷内の権力抗争で敗れた人物で、彼はこれ幸いと、その未亡人に手を出したのかも知れない。もちろん彼は僧侶なので彼女と正式に再婚することはできないが、いつしか二人の関係は郷内の誰もが知る、公然の内縁関係になっていった。

しかも、彼は長脇殿の未亡人のもとにお忍びで通う、その往復の道筋で、カワウソを見つけては斬り殺し、代官所でその肉を食べるのが日課だった。現在、ニホンカワウソは絶滅したとされているが、当時は岡山県あたりにも普通に生息していたのである。彼はよほどのカワウソ好きだったらしく、食べきれない分の肉は塩辛《しおから》にして保存し、残った獣皮はなめして毛皮として愛用していたという。もちろん当時は、僧侶どころか一般人にも獣肉を食べるなどという文化はない。あるいはカワウソは、淫事《いんじ》のまえの精力剤のつもりなのだろうか。「私たちがいうことでもないですが、東福寺の荘園になって、こんなお代官様は見たことがありません」と、告発状で百姓たちも呆れた様子である。

そのうえ彼は、この長脇殿の未亡人を籠絡《ろうらく》しただけでは飽き足らず、同時進行で郷内の百姓の女たちにも次々と手を出していく。百姓の娘で気に入った子がいると、自分のものにしようと代官所に呼び寄せて、それを拒《こば》めば、その親を無実の罪に陥れて処罰する。人妻でも好みのタイプだったら、夫がいようが子供がいようが、家来たちを差し向けて自分のものにしようとする。それに従わない場合は、やはり言いがかりをつけてその一家を捕縛しようとするので、耐えかねた者たちはみな土地を捨てて逃げてしまったという。まったく〝女性の敵〟としかいいようのない人物である。そのうち彼の好色は見境《みさかい》が無くなってゆき、やがては百姓の下女《げじょ》（身分の低い召使い）にまで手を出すようになる。

しかし、悪事も長くは続かない。このことが、たまたま内縁の妻である長脇殿の未亡人の耳にも届いてしまったのである。百姓の女性に浮気をするというだけでも許しがたいのに、自分よりも遥かに身分の低い下女と通じているということに、彼女のプライドはズタズタに傷ついた。嫉妬の念に駆られた彼女は、ついに長脇家の家人《けにん》たちを大挙動員して、その百姓の下女の家にうわなり打ちを仕掛けることになる。そして、未亡人の命令をうけた者たちは、その下女を召し取ると、冷酷にもそのまま彼女を殺害してしまう。なんたる非道……。百姓たちも告発状のなかで「言語道断の事に候」と、その悲劇を嘆き悲しんでいる。

常軌《じょうき》を逸したセクハラ代官の淫欲と、嫉妬に狂う未亡人、そして、その犠牲となって可憐《かれん》な命を散らす一人の下女。二時間サスペンス・ドラマにもなりそうな筋書きだが、ここで私たちの注意を引くのは、やはり、うわなり打ちという謎の習俗である。このあと、長脇殿の未亡人が殺人の罪に問われた形跡はない。また、百姓たちは告発状で、この修羅場に憤《いきどお》ってはいるものの、それは未亡人の行為に対してではなく、すべての原因を作った光心に対してのものである。この時代、男を奪われた女が新たな女に復讐するという行為は、慣習的に許容されていたようなのである。

ちなみに、百姓たちの告発をうけたセクハラ代官光心は、東福寺によって、この年をもって代官契約を打ち切られ、クビになっている。当然といえば当然の話で、彼の行状《ぎょうじょう》はその後も〝最悪のケース〟として東福寺内の語り草になっている。ただ、後年の史料によれば、彼はその後、禅僧の身分を捨て、神主家の婿《むこ》に収まり、地元に住み着いたと伝えられている。殺人事件など素知らぬ顔で、僧侶から神主への華麗な転身！　いやはや、どこまでもふてぶてしい、呆《あき》れたゲス男である。

〝女傑〟北条政子

うわなり打ちを行った人物として、おそらく史上最も有名なのは、北条政子（一一五七～一二二五）だろう。源頼朝（一一四七～九九）の〝糟糠《そうこう》の妻〟として鎌倉幕府の創業を陰で支え、頼朝死後は〝尼将軍〟として幕府に君臨した、いわずと知れた女傑である。

まだ頼朝が平家を滅ぼす以前の話。頼朝と政子は親の反対を押し切って駆け落ちのすえゴールインしたとされる相思相愛の夫婦だったのだが、ただひとつ、頼朝には浮気性の悪癖があった。頼朝は政子という妻がいながら、かねて亀の前《かめのまえ》という名の女性を愛人にして、彼女の身を密かに家来のもとに預けていたのである。不遇時代を政子に支えてもらった義理もあって、頼朝は政子には生涯、頭が上がらなかった。そこで彼の浮気は隠密裏《おんみつり》に進められていたのであるが、ちょうど政子が出産のために別の屋敷に移ったこともあって、頼朝の動きは公然となった（このとき生まれた赤ん坊が二代将軍頼家である）。鎌倉幕府の歴史書『吾妻鏡《あづまかがみ》』によれば、亀の前は「容貌が整っているだけではなく、性格がとくに柔和である」とされるから、〝女傑〟政子とは正反対のタイプの女性だったのかも知れない。

ところが、この浮気の事実が出産を終えた政子の耳に入ってしまったから、大変である。怒った政子は、寿永元年（一一八二）一一月、牧宗親《まきむねちか》という配下の者に命じて、亀の前を庇護《ひご》している伏見広綱《ふしみひろつな》の屋敷を襲撃させる。驚いた伏見は亀の前を連れて、命からがら大多和《おおたわ》義久《よしひさ》という同僚の屋敷に逃げ込むことになる。このとき、もし伏見の機転が利かなかったら、亀の前はさきの上原郷の下女のように殺されてしまったかも知れない。

この事件を聞いて顔面蒼白《そうはく》となったのは、他ならぬ頼朝である。浮気がばれた……。しかも政子、すごく怒ってる……。さいわい愛人の命が無事だというのは救いだ。とはいえ、政子の手前、すぐに駆けつけるわけにもいかない……。震えて眠る夜を二晩過ごし、頼朝は翌々日を待って、亀の前が匿《かくま》われている大多和の屋敷に、いそいそと駆けつける。しかし、このとき頼朝は一計を案じ、実行犯である牧宗親を騙して大多和屋敷まで同行させることを忘れなかった。そうとは知らず、頼朝にノコノコついていった牧は、大多和の屋敷で伏見と不意の対面をさせられる。唖然《あぜん》となって言葉を失う牧に向かって、頼朝は、烈火のごとく怒って、こう言い放つ。

「政子を大事にするのは大変けっこうなことだ。ただ、政子の命令に従うにしても、こういう場合は、どうして内々に私に教えてくれなかったんだ！」

要するに、頼朝も政子の命令に従ったこと自体は責められないのである。いいたいことがあるなら政子に直接いえば良いものを、それがいえないから実行犯である牧に怒りをぶつけているわけである。頼朝、男として、かなりカッコ悪い。

恐懼《きょうく》して地べたに頭を擦りつけて謝る牧に対して、頼朝の怒りはなおも収まらず、ついにみずからの手で牧のマゲをつかんで、切り落としてしまう。当時の人々にとってマゲを切られるのは最大級の屈辱である。気の毒にも牧は泣きながら、その場を逃げ去ったという。なんとも頼朝の器の小ささがうかがえる、みっともないエピソードである。

ちなみに頼朝は、このあと文治二年（一一八六）、政子の次女出産のときにも懲《こ》りずに大《だい》進局《しんのつぼね》という女性と密かに関係をもち、のちにそれがバレて政子の逆鱗《げきりん》に触れている。〝懲りない男〟というべきだろう。男性の浮気が妻の妊娠中になされるという話は現代でもよく聞くが、〝天下の征夷大将軍〟の浮気性もそれと同種のものだったようだ。

さて、この逸話、北条政子の〝男まさり〟を語るエピソードとして歴史ファンのあいだには有名なもので、過去に大河ドラマなどでも、何度か映像化されている。ただ、そこでのこの逸話《いつわ》の扱われ方が、私には少々不満がある。のちの〝尼将軍〟は、男に浮気をされても泣き寝入りすることなく、〝倍返し〟以上の報復をもって、これに臨む。さすがは天下の北条政子。といったふうで、ストーリー上、政子の特異な個性を際立たせるための材料として使われているのである。

しかし、さきの室町時代の上原郷の逸話を思い出してもらえばわかるように、ここでの政子の行為は明らかにうわなり打ちである（頼朝は亀の前に乗り換えたわけではないので、その点は厳密にはやや変則例ではある）。夫を奪った女性に対して復讐を行うことは、なにも政子に限らず、中世の女性には当たり前に許されている行為だった。だから、この逸話を政子の〝男まさり〟を物語るための材料として使うとしたら、それは不正確で、それをいうなら、政子に限らず、中世の女性はみんな〝男まさり〟なのである。

女の敵は女？

以上、「控えめでお淑やかな日本女性」という伝統的なイメージを覆《くつがえ》すに足る、当時の女性たちのまことに勇ましい実態を紹介した。ただ、ここで少し立ち止まって考えてみてほしい。このうわなり打ちの習俗、どこか歪《ゆが》んでないだろうか？

男に浮気された上原郷の未亡人も、北条政子も、怒りの矛先が何か間違ってはいないだろうか？　彼女たちの怒りは、本来ならば浮気相手の下女や亀の前ではなく、すべての原因をつくった色情狂のハレンチ代官や、妻の眼を盗んでセコイ浮気を繰り返す頼朝に向けられて然るべきである。なのに、なぜうわなり打ちは浮気夫本人ではなく、浮気相手の女性をターゲットにしてしまうのだろうか？

私の授業では毎時間、学生にリアクションペーパーを配って、その時間の感想や質問を求めているのだが、そんな疑問を授業で学生たちに投げかけると、男女を問わず、いろんなコメントが返ってきて、こちらも勉強になる。以下は、その一例である。

「いちど好きになった人は、その人がどんなに悪くても憎めないと思います。（1年女）」

――なにか哀しい実体験を踏まえているのだろうか……？

「高校でクラス公認のカップルが破局したとき、クラス中の女子が彼氏の新しい彼女の陰口をいうのをみた。女とは、そういうものだと思う。（1年男）」

――キミの女性観の歪みが心配です……。

「男性は浮気をされるとパートナーを恨み、女性は浮気されると浮気相手を恨むと、脳科学の本に書いてありました。（2年男）」

――それ、ホントか？

もちろん全員ではないが、男女を問わず、浮気相手に怒りが向かうのを自然と考えている大学生がいるのが、私としては衝撃だった。なかには怪しげな「脳科学」の成果を信用して、それを生得的な女性の本能であるかのように理解している子までいるのは、少々心配である。しかし、このうわなり打ちの歪みは、どうも、それが成立した時代と、大きく関係しているらしい。私も歴史学者だ。この問題をあくまで歴史的に分析しよう。

現在、確認される限り、うわなり打ちの最古の史料は、平安時代の中頃のものである。寛弘七年（一〇一〇）二月、摂関政治の全盛期を築いた藤原道長（九六六〜一〇二七）の侍女が、自分の夫の愛人の屋敷を三〇人ばかりの下女とともに破壊している（『権記』）。この侍女は、翌々年二月にも別の女の家を襲撃しており、そのときの事件は道長自身の日記にも、ちゃんと「宇波成打《うわなりうち》」と書かれている（『御堂関白記』）。うわなり打ちの習俗は、おおよそ一一世紀初頭に成立したものだったようだ。では、なぜこの時期にうわなり打ちは生まれたのだろうか？

女性史・家族史の研究成果によれば、この一〇〜一一世紀という時期は、ちょうど貴族層を中心に婚姻形態が確立してきて「一夫一妻制」が出来上がってくる時代とされている。俗に前近代の日本社会は「一夫多妻制」だといわれるが、厳密にいうと、それは正しくない。戦国時代や江戸時代の権力者が正妻以外の女性と関係をもつことを許されていたのは事実であるが、それは決して「妻」ではないのだ。あくまで正式の「妻」は一人であって、それ以外の女性は「妾《めかけ》」（側室・愛人）であり、非公式の存在であることに変わりはない。乱婚に近いようなルーズな婚姻形態から、建前上、しだいに一夫一妻制に変わっていったのが、平安時代中頃のことなのである。

しかし、それは必ずしも女性の幸せにはつながらなかった。当時は「一夫一妻制」といいながら、実態は、男性にだけ不特定の女性との非公式な性交渉をもつことが許される「一夫一妻多妾《しょう》制」の社会だった。そのため、この時期、女性はそれ以前よりも、より過酷な状況に置かれることとなった。つまり、一人の男性と性愛関係をもつにしても、それが「妻」

であるか、「妾」であるか、で雲泥の違いが生じる時代が到来したのである。当然、女性たちの間で、正式な「妻」の座をめぐる対立が表面化することになる。この時期の代表的な文学作品である『源氏物語』も『蜻蛉日記《かげろうにっき》』もみな、男の愛を独占できない女たちの哀しみが主題の一つになっている。うわなり打ちで、女性たちの怒りが身勝手な男たちに向けられるのではなく、当面は正妻の座をめぐってライバルとなる同性へと向けられるようになったのも、同じ事情と考えるべきだろう。

うわなり打ちの習俗は、この時期に一夫一妻制（実態は一夫一妻多妾制）が成立したのと軌を一にした現象だったのである。だから、うわなり打ちは必ずしも当時の女性の「強さ」の表われではなく、むしろ大局的には「弱い立場」の表われと見るべきなのかも知れない。彼女たちの嫉妬や怒りの方向性は歴史的に形成されたものであって、同性に嫉妬するのが女性の脳の構造に由来するなどというエセ科学の説明は、まったくナンセンスな話なのである。

復讐から儀礼へ

うわなり打ちは、その後、江戸時代にも受け継がれていく。磐城平《いわきたいら》藩の内藤忠興《ただおき》（一五九二〜一六七四）の正室天光院《てんこういん》には、みずから薙刀《なぎなた》を取って忠興の妾を預かる家臣の家に押し入ったという武勇伝が伝わっているし（『土芥寇讎記《どかいこうしゅうき》』）、佐賀藩の鍋島直茂《なおしげ》（一五三八〜一六一八）の前妻は離別後、後妻陽泰院《ようたいいん》の家にうわなり打ちを仕掛けるが、そのとき陽泰院は動じることなく前妻を丁重に出迎えて、かえって評価を高めたという逸話も伝わっている

（『葉隠』聞書二）。うわなり打ちは健在である。

ただ、享保年間（一七一六〜三六）に書かれた『八十翁疇昔話《はちじゅうおうむかしばなし》』という随筆には、「百二三十年以前」（一六世紀末〜一七世紀初頭）のこととして、うわなり打ちの実態が次のように描かれている。それによれば、妻を離縁して五日ないし一ヶ月以内に夫が新しい妻を迎えた場合、さきに離別された妻は必ずうわなり打ちを実行したのだ、という。襲撃には男は加わらず、親類縁者の女など総勢二〇〜一〇〇人（！）で新妻の家に押しかける。その際は、事前に使者を立てて襲撃を通告する決まりになっており、武器も刃物は使わず、手にするのは木刀や竹刀や棒に限られていた。破壊は台所を中心に鍋・釜・障子などに対して行われ、やがて一通りの破壊が終わると、仲介者が和解を取り持つことになっていた。

いかがだろうか。一〇〇人近い女性が怒りにまかせて家財道具を破壊する光景を想像すると凄まじいものがあるが、中世のうわなり打ちと比べると、やや牧歌的な印象がぬぐえないのではないだろうか。鎌倉〜室町のうわなり打ちは相手の命までが狙われたが、ここでは刃物は自主規制されており、事前通告や和解のルールも整っていて、さながらゲームのような趣きである。授業を聴いた女子学生のなかには、「これなら私も参加してみたい」という子までいたぐらいである。ターゲットが台所というのも、当時、台所が〝女の城〟と考えられていたことを思えば、そこを破壊することは物質的な破壊を目的にしたというよりも、象徴的な儀礼としての意味合いのほうが強そうな気がする。うわなり打ちは、江戸時代に入って〈復讐〉から〈儀礼〉へと姿を変えてしまったのである。

しかし、この時期、べつに江戸幕府から「うわなり打ち禁止令」なる法令が出された形跡はない。むしろ当事者たちのあいだで、憎悪の感情に任せた復讐を自主規制する動きが現れてきた結果、うわなり打ちはその姿を変えたと見るべきだろう。中世から近世へ、時代は〈復讐〉や〈暴力〉をネガティブなものとする方向へと確実に変化しており、それにともなって、うわなり打ちも姿を変えていったのである。

この逸話を載せる『八十翁疇昔話』も、すでにこの話を「百二三十年以前」の話として紹介しており、同時代である享保期にはすでにうわなり打ちは行われないものとなっていた。一夫一妻多妾制の弊害はなんら克服されてはいなかったものの、その怒りを同性に暴力で向けるような行為は、もはや時代遅れのものになっていたのである。

そういえば、いまでも思い出す教室の光景がある。「考えてみれば、浮気をしたパートナーに怒りをぶつけず、浮気相手の女を恨むのって、筋違いだと思いませんか？　本来、悪いのは浮気した男のはずですよねえ。みなさん、どう思います？」。大学の教員になった初めての年、私が教室でうわなり打ちについての問いを投げかけたとき、前のほうの席でひたすら首を横に振っていた女の子がいた。「え？　そこのキミ、納得できない？　やっぱり悪いのは奪った女のほう？」。そう尋ねたら、その子は険しい顔で、ただ強くうなずいたのだった。「……（冷汗）」。たぶん彼氏と、いろいろあったんだろうな……。

あの場で、教員としてうまい返しができなかったのが、いまでも少し悔やまれる。大学教員は古文書が読めるだけではダメなのだ。それ以来、女性の嫉妬をどう学問的に説明するか、試行錯誤の講義を重ねた。あれから一〇年、教員として多少の実力もついた。いまならあの女子学生にも、もう少しマシな返答ができるかも知れない。

第10話　人質のはなし

命より大切なもの

「愛」のゆくえ

いまや空前の歴史ブームである。

毎年横浜で行われる「お城ＥＸＰＯ」には三日間で二万人のファンが詰めかけ、街の本屋に行っても歴史系の新書やムック本はところせましと並んでいる。子供の頃、小学生のくせに「歴史好き」なんていうと、「なんてジジくさい」「女子にはモテないな」とバカにされたものだが、それも今は昔。およそ世間的にはまったく無名な山城跡の山林に踏査に出かけたら、いわゆる「歴女」といわれる二〇代のうら若い女性に遭遇した、というのも、一度や二度のことではない。テレビの歴史番組なんて、昔はNHKの「歴史への招待」ぐらいしかなかったものだが、いまはBS、CSあわせたら、いったいいくつの番組があるのだろう。

ただ、世間一般に流布している戦国大名や武将のイメージと、専門の歴史研究者の理解との間の隔たりは、まだまだ小さくはないようだ。たとえば、越後上杉家の重臣であった直江《なおえ》兼続《かねつぐ》（一五六〇〜一六二〇）などは、上杉謙信（一五三〇〜七八）亡き後の上杉家を支え、徳川家康を向こうにまわして関ヶ原合戦で重要な役割を果たしたこともあり、とりわけ歴史ファンに人気の高い武将である。とくに彼の遺品として伝わる兜《かぶと》（米沢市・上杉神社所蔵）は、前立《まえだ》てに金色で燦然《さんぜん》と輝く「愛」の一文字があり、彼の領民への「慈愛」や「仁愛」のモットーを掲げたものとして、二〇〇九年の大河ドラマ「天地人」で彼が主人公とされたときにも、重要なアイテムとして扱われた。

あの有名な「愛」の兜には、どのような意味が込められていたのか。それを語る記録は何一つ残されていない。だから、あの兜をもとに直江兼続を、戦国乱世にありながら、なによりも「愛」を大事にした「慈愛の人」や「仁愛の人」と評価するのも、一見、成り立ちそうな気がする。しかし、やはりそれには、ちょっと無理があるようだ。ポイントは、あの「愛」の字の台座である。

よく見ると、あの兜の前立ては「愛」の字だけで構成されているわけではない。その下に銀板で作られた雲の形の台座があって、「愛」の字はそのうえに乗っかっている意匠《いしょう》である。中世において「雲」に乗ることができるのは、神仏以外には存在しない。例を示せば、直江兼続の主人である上杉謙信の兜のうち、飯綱権現《いづなごんげん》という神様の姿を前立てにあしらった兜では、ちゃんと飯綱権現は雲に乗っている。また上杉景勝（一五五五〜一六二三）の兜にも「摩利支尊天《まりしそんてん》／日天大勝金剛《にってんだいしょうこんごう》／毘沙門天王《びしゃもんてんのう》」の三神の名を金の日輪に刻んだ前立てをもつものがあるが、それも台座に銀の雲が付随している（ともに上杉神社所蔵）。

軍神である毘沙門天を信仰した上杉謙信は、その旗印に「毘沙門天」の「毘」の字を大書していたことで有名である。となれば、あの「愛」は近代人が連想するような「愛」の概念ではなく、神仏、とくにその名の一文字を意味していたと考えるのが正しいだろう。「愛」の字が頭文字につく神仏といえば、愛染明王《あいぜんみょうおう》もしくは愛宕権現《あたごごんげん》が、それに該当する。いずれも毘沙門天と同じく戦争の神、軍神である。

というわけで、まったく夢も希望もない話なのだが、直江兼続の「愛」の兜の真意は、いくさの神である愛染明王もしくは愛宕権現を意味し、それを兜に掲げることで必勝を祈念したものだったのである。「慈愛」とか「仁愛」どころか、とんでもなく好戦的な直江兼続の思想を映《うつ》した代物だったことになる。

「平和主義者」徳川家康？

もう一つ例をあげよう。かの徳川家康も、かつてはその悪辣《あくらつ》な政権奪取の手口から〝狸《たぬき》オヤジ〟として悪名高い存在だったが、戦後の山岡荘八《そうはち》（一九〇七〜七八）の長編小説『徳川家康』や、それを原作にした一九八三年の同名の大河ドラマをきっかけに、評価が一転した人物である。近年では、家康は乱世を収束させ、泰平の時代の基盤をつくった人物として、高い評価があたえられている。
　とくに家康の思想を示すアイテムとして、小説やドラマで必ず触れられるのが、次の八文字を記した旗印である。

厭離穢土《おんりえど》
欣求浄土《ごんぐじょうど》

意味するところは、「穢れた俗世を離れ、極楽浄土を追い求める」、という厭世《えんせい》と救済の願いに満ちたものである（原典は『往生要集』）。八三年の大河ドラマでは、桶狭間の敗戦後、若き日の家康に郷里の大樹寺和尚が、次のような言葉とともに、この旗を授けるシーンが描かれていた（原作には該当セリフはなし）。

いまは乱世。武士はおのれの欲のためにのみ戦って、国土は穢れている。この穢土を厭《いと》い離れて、永遠《とわ》に平和な浄土を願い求め、それをなすこと。それがこの寺に身を寄せられた御身《おみ》さまに御仏《みほとけ》があたえた務めかと存じまする。……いくさは穢土に苦しむ民のためにこそなされ、一日も早く現世に浄土をお築きなされ。

つまり、この八文字には「戦乱の世を終わらせ、泰平の世をひらく」という崇高な平和主義の思想が籠められており、家康の七三年間の苦難の人生は、まさにその実現のために費やされた、というわけだ。こうした解釈に基づいて家康の旗印や彼の思想を説明した言説は、ネットなどをみると、意外に広く出まわっている。しかし、これも本当なのだろうか？

江戸幕府の故事・旧例などを紹介した『柳営秘鑑《りゅうえいひかん》』という書物がある（一七四三年序文。国立公文書館内閣文庫所蔵。齋藤悦正氏のご教示による）。これは江戸幕府も認めた公式見解といって良いものだが、そのなかで「厭離穢土　欣求浄土」の旗印の由来は次のように語られている。

永禄五年（一五六二）秋から同七年にかけて、三河国で一向一揆（浄土真宗本願寺教団の一揆）が猖獗《しょうけつ》をきわめた。そのときは権現様《ごんげん》（家康）の譜代《ふだい》の家来たちも主君を捨てて一向一揆の側に味方をする始末で、一時、権現様の身も危うくなる場面があった。そこで大樹寺の和尚は、配下の浄土宗の門徒たちを駆り集めて、権現様に加勢することにした。このとき和尚は権現様から御旗をたまわり、自筆で御旗に「厭離穢土　欣求浄土」という浄土宗の教えをお書きになったので、配下の者たちはその御旗を真っ先に押し立てて、一揆のなかに攻め入り、死を軽んじて戦ったところ、一揆は敗北して権現様は勝利を得るところとなった。和尚が御旗に書いた教えは「生を軽んじ、死を幸いにする」身構えを示したものである。というのも、はじめ一向一揆の側が鎧に「進是《すすまばこれ》極楽

退《しりぞかば》　是《これ》無《む》間《げん》地獄（前進すれば極楽浄土があり、退却すれば無間地獄）」と書いたと聞いて、和尚は浄土宗の者たちにもこの文言を書いて、死を奨めたのである。以来、この旗は吉例とされ、御当家（徳川家）の御宝蔵にあるという。（大意）

（『温知柳営秘鑑』巻六）

なんと、「厭離穢土　欣求浄土」は、一向一揆との対決のなかで生まれたもので、その真意は平和主義どころか「生を軽んじ、死を幸いにする」（穢れた現世には何の未練もない、みんなで戦って死んで極楽浄土へ行こう！）という凄まじいキャッチコピーだったのだ。家康は、いわば「聖戦完遂のためには死を厭うな」という過激な旗印を押し立てて、並みいる敵をなぎ倒し、天下を獲《と》ったわけである。

人質の適性

ちまたに流布している戦国大名や戦国時代のイメージと現実の歴史は、このように大きく隔たっている。しかも、その隔たりの根底には、著名な人物に対する素朴な英雄崇拝と、現代人の価値観で過去を見てしまう先入観があるようだ。エンターテインメントとして楽しむだけなら罪はないが、そこから処世訓や人生の指針を見出そうとするならば、それはいかにも危うい。

戦国時代をドラマ化するとき、泣かせどころとして、しばしば強調されるのは、「人質」

をめぐる哀話である。大名と大名の服従や講和の場面で、一方から一方に対して誓約の証しとして送致されるのが「人質」である。その犠牲になるのは、ときには年端もいかない子供であったり、うら若い女性であったりする。彼らは、万一、一方の裏切り行為が発覚した際には命を奪われてしまうわけだから、悲惨な境遇にあったことは間違いない。そこで、ここから現代人によって様々なドラマや物語が作られることになる。

では、実際の戦国の人質とは、どのような存在だったのだろう。

天正一八年（一五九〇）、豊臣秀吉の奥州制圧の過程で、出羽国（現在の秋田県・山形県域）を任された上杉景勝が地元の郷村や武士たちに提出させた人質の名簿が残されている（『古案記録草案』）。そこには合計四三人の人質の名前と続柄、年齢が記されているが、その続柄をみると、いちばん多いのが当主の子息（四八％）、ついで母親（一二％）、妻（七％）という順番で、一親等以内の者が大半である。さらに、その年齢は五三％（二三人）が四歳から一五歳までの男児・少年で、一九％（八人）が一一歳から一五歳までの少女、同じく一九％（八人）が成人女性、五％（二人）が老人男性（六五歳以上）である。つまり、全人質の七二％が一五歳以下の未成年で、次が成人女性、わずかに老人男性が含まれるばかりで、基本的には成人男性は一人もいなかった。身近な親族とはいいながら、内実は子供や女性などの弱者が犠牲になる、というドラマや小説などの設定は、その限りでは間違いではない。

しかし、ここで一つ疑問が生まれる。信義の証《あか》しとして相手に送るのが人質の大切な役目だとするならば、なぜそれは成人男性ではなく、当時一人前とは考えられていなかった子供や女性・老人なのだろうか。殺されてしまうのが相手側の痛手になるとするならば、たとえば当主の成人した弟とか、隠居した父親のほうがよほど価値ある存在ではないのだろうか。あるいは、女性や子供や老人のほうが人質として拘禁《こうきん》するとき手間がかからないとか、逃げ出したり抵抗したりする危険が少ないとかの実利的な配慮が働いていたのだろうか。

天正初年、甲斐《かい》国（現在の山梨県）の武田勝頼《かつより》（一五四六〜八二）が上野《こうずけ》国（現在の群馬県）の武士たちから集めた人質を、そろそろ交換するように、と家臣に指示した珍しい文書が二通残されている。それぞれ（A）（B）として、現代語訳して紹介しよう。

（A）人質として、これまで一五歳になる娘を当家で抱え置いてきた。しかし、今回、先方から彼女のかわりに一一歳になる男児梅千世《うめちよ》が差し出されてきた。梅千世が実子であることに間違いはないので、滞りなくその子の身柄を受け取るように。（天正三年『浦野文書』）

（B）人質として女子を抱え置いてきたが、成人したので帰郷させたいという依頼が先方からあった。……人質のかわりは用意するとのことなので、了解した。そこで……人質の女子のかわりに、婿の弟にあたる一一歳の男児を先方から受け取り、無事に女子を帰郷させるようにせよ。（天正四年『松本文書』）

まず（A）では、一一歳の男児が新たな人質として送り込まれてきた結果、すでに武田家のもとにあった一五歳の女子が人質から解放されている。また（B）でも、一一歳の男児と引き換えに、成人した女子が解放されている。当時の成人年齢は、女子は一三歳、男子は一五歳前後というのが一般的だった。だからここでは、いずれも人質は成人に達すると、それより若い子女と交替させるという措置がとられたのである。つまり、人質にされる者はたまたま未成年だったわけではなく、どうも、当時「成人に達した人質は人質の意味をなさない」「人質は未成年でなければならない」という確固《かっこ》たる規範が存在していて、そのルールに基づいて彼らが人質に選ばれていたようなのだ。

しかし、一四歳の子供が一五歳になったからといって、急に拘禁の手間がかかるわけでもあるまい。そこでは人質拘束の実際的な労力は、おそらく何も問題にされていないのだろう。中世において、神仏はしばしば子供や女性・老人となって、その姿を現す。そこから連想すれば、人質として相手方にあえて子供や女性・老人を送るのは、反乱防止策というような下世話《げせわ》な理由ではなく、むしろ限りなく神に近い「人ならぬ存在」を「誓約の証し」として贈呈する供犠《くぎ》（いけにえ）の儀礼としての意味があったのではないかと考えられている。だとすれば、成人に達して、その属性を失った存在は、人質としては欠格ということになる。そうとでも考えなければ、当時の人々がわざわざ成人に達したときに人質の交替をする意味が理解できない。

人質は「弱者」だから彼らが選ばれたのではなく、当時の人々にとっては彼らでなければならない特段の事情があったのである。

串刺しは当然

とはいえ、残念ながら戦国の世において裏切り寝返りは常の事。同盟や従属関係が一方の違約により破綻するというのは、なんら珍しいことではなかった。そうなった場合、人質とされた子供たちや女性たちに無情の刃が振り下ろされるということも、しばしば起こりえた。

永禄一三年（一五七〇）、大和国《やまと》（現在の奈良県）では、松永久秀（一五〇八～七七）が織田信長の命をうけ支配を進めていた。しかし、松永の支配下にあることに不満を募らせていた井戸城（現在の天理市石上町）城主の井戸良弘《いどよしひろ》（一五三三？～一六一二？）は、ひそかに裏切りを画策する。地元の有力者である豊田氏までも巻き込んで、裏切り工作は水面下で周到に進められているかに見えた。ところが、同年正月末、その豊田氏が突如井戸城から退去して、松永方に裏切り工作のすべてを暴露してしまう。

この事件のその後については、奈良に住む多聞院英俊《たもんいんえいしゅん》（一五一八～九六）という僧侶が書き残した『多聞院日記』という日記に詳しく書き記されている。松永のもとにはこれ以前から井戸良弘の子供や女房たちが預けられていたようだが、英俊の日記には、彼らはすぐに串刺しにされた、という残酷な第一報が記されている。ただ、その直後、さいわい、これが誤報であったことが発覚する。英俊によれば「クシニハ指サズ」、串刺しは免《まぬが》れたという。しかし、このホッとする第二報について、英俊は次のような意外な感想を漏《も》らしている（現代語訳）。

松永殿は人質を串刺しにはせず、むざむざと解放してやったということだ。なんとも弱腰な対応である。

英俊は「人質は殺害するのが当然である」という認識のもと、それをせずに人質を助けた松永の対応を「甘い」と批判しているのである。いとけない子供が槍で串刺しにされるよりは、解放されるほうが人道的にどれほど尊いことであるか。現代人なら胸をなでおろすべき、この松永の対応を、僧侶でありながら英俊は弱腰（「比興《ひきょう》の仕立《した》て」）と評したのである。

ところが、井戸良弘の子供たちは実際は解放されることなく、そのまま松永の城の牢屋に監禁されていたのだった。しかし翌二月下旬、良弘の娘をはじめとする子供たちは、けっきょく松永の指示で牢屋のなかで縄で絞め殺され、その遺体は城の近辺に串刺しにして晒《さら》されることとなる。これに対して、またも英俊の感想は、私たちの予想を裏切る（現代語訳）。

童女・童男に罪はない。この者たちは親に殺されたのだ。人質に出して裏切ったのだから、子供たちに罪はない。殺した者も罪は薄い。あさましい、あさましい……。

私たちの感覚からすれば、裏切ったからといって人質を殺すなど、なんて残酷な仕打ちだ、と思うところだが、戦国を生きる人々の感想は違っていた。裏切れば人質が殺されるのは当たり前のことであって、それを承知で裏切った父親がいちばん悪い。子供たちは父親に殺されたようなものなのだ、というわけである。

信長の涙

人質が殺されるのは、殺した者ではなく、裏切った者が悪い——。この感覚は、決して英俊だけがもっていた特殊な感覚ではなかった。信長亡き後、信長の三男織田信孝《のぶたか》（一五五八〜八三）が秀吉に公然と反旗をひるがえしたときも、彼が秀吉に差し出している人質のことが、世間の話題にのぼった。当時、日本にいた宣教師のいうところによれば、信孝は「欲に駆られて人質になっているおのれの母と娘、および家臣らに対する愛情を忘れ」た、と酷評されたという（『十六・七世紀イエズス会日本報告集』）。

中世人の名誉のために強調しておくが、彼らも決して子供や女性の命を軽んじていたわけではなかった。人質が殺され、かけがえのない幼い命や若い命が失われることは不憫《ふびん》なことであり、彼らにとっても心痛むことだった。しかし、いったん人質を差し出していながら変節するのは、人質を見殺しにする行為である。それを承知で変節したのだから、彼らからすれば、責められるべきは裏切った側だったのである。

天正六年（一五七八）、摂津国《せっつのくに》（現在の大阪府北西部と兵庫県南東部）の荒木村重（一五三五〜八六）が信長を裏切り、毛利方に寝返った。そのさい、荒木の家臣であった高山右近《うこん》（一五五二〜一六一五）の帰趨《きすう》が問題となった。信長は右近がキリシタンであったことから、宣教師のオルガンティーノ（?〜一六〇九）に、右近に裏切りに荷担《かたん》しないよう説得を促している。しかし、右近の最大の悩みは、荒木に人質として差し出してしまっていた息子と姉妹の存在だった。彼らが無事に戻ってくるのならば、織田方につくのもやぶさかではない。そんな右近の真意を聞き出したオルガンティーノは、信長に次のように報告する。

ただし彼（右近）は人質を荒木の手に残しているので、そうなすべきかどうか決しかねている。というのは、人質を失えば日本人が生命よりも大事にしている名誉をも失うことになると彼には思われたからである。殿（信長）が彼に約束される金子と地位に関してはその必要はない。（フロイス『日本史』第一部二七章）

ここでも人質を見殺しにしての裏切りは、「日本人が生命よりも大事にしている名誉をも失うこと」に他ならず、そこで失われる「名誉」は多額の金銭や家中の地位などとは比べものにならない価値をもつものだった。それがなにより右近を悩ませていたのである。一見、とても良い話のように聞こえるが、ここで注意してもらいたいのは、右近がいちばん気にしているのは血を分けた肉親の生命などではなく、自身のメンツである、という点である。やはり彼らは、いまの私たちとは根底のところで発想が異なるようだ。

しかし、これを伝え聞いた信長は感激し、「眼に涙を溜めるようにして」、自分の手元にある荒木の人質と、荒木の手元にある右近の人質を交換することで、なんとしても右近の「名誉」が維持できるようにすることを約束する。そして、もしこの提案を荒木が蹴《け》って「人質の交換に応じようとせぬ場合、人質を失って右近殿が世間で有していた名誉と評判を失墜することがないよう」、「右近殿が人質を失ったのは、彼の野心や卑劣によるものではなく、自らの主君（信長）への義務を果さんがため」であることを世間に布告することを誓う。

すでに述べたとおり、戦国時代の人質の本質は、なによりも「誓約の証し」として贈呈される神聖な供犠であった。だからこそ、そこまでして誓った盟約を踏みにじる行為は、なにより踏みにじった側に社会的な非難が集中することになった。彼らは社会的信用を一気に凋《ちょう》落《らく》させることになり、そのことは当時の人々にとっては人質の命を失うことよりも大きな痛手となった。

戦国時代の無情さを物語る「人質」をめぐるエピソードは、様々なドラマや小説で哀感を込めて繰り返し語られてきた。だが、当時の人々の意識はおのずとそれとは異なっていた。彼らは「命の重さ」よりも「誓約の重み」に価値を置いていたのであり、そこで生まれる「悲劇」に対する評価も、現代の私たちとは大きくかけ離れていた。直江兼続の「愛」の兜も、みずからを軍神に見立てて敵を蹴散らそうという好戦的な意匠であったし、徳川家康の「厭離穢土　欣求浄土」も、旗下の者たちに死への恐怖を無くさせるためのものであった。わかっているつもりでいながらも、平和な時代に生きる私たちは、まだまだ戦乱の時代のリアリティーを理解できていないようだ。

「歴史から学ぶ」とは、いいふるされた言葉であるが、過去から何かを学ぼうと思っても、しょせん過去は過去。時代背景も倫理観も異なる、私たちが生きる現代とは別の世界なのだ。テレビや出版の世界では、近年、歴史から何らかの教訓を引き出そうという企画が花盛りである。もちろん、そうしたアプローチに、歴史に興味をもつ入り口としての意義があることは、私も否定しない。しかし、過去をそのまま現代に当てはめることの危うさに、私たちはそろそろ気づいたほうが良いのかも知れない。人々の心性は時代を超えて変わらないものがある一方で、時代によって大きく異なるものもある。このことは、歴史から何かを学びとろうとするとき、つねに頭の片隅に置いておいてもらいたいことである。

第11話　切腹のはなし

アイツだけは許さない

壮絶すぎる夫婦ゲンカ

室町時代の社会相をいまに伝えてくれる伝統芸能に「狂言」がある。その狂言のなかに「鎌腹《かまばら》」という少し変わったお話がある。少々長いがストーリーを紹介しよう。

夫婦仲が悪く、女房とケンカばかりしている男が、その日もいつもの大騒動を巻き起こす。慌てて仲裁に入った近所の者が女房に事情を問いただしてみると、男は朝帰り昼帰りが常態で、屋根の雨漏りまでも女房に修繕させる体《てい》たらくだった。さすがの女房もこの日は怒って、山に薪採《たきぎ》りに行かせようとするが、それすらも男は拒否。これにキレた女房は、ついに男を殺して自分も死のうと襲いかかったのである。なんたる修羅場……。男のほうは男のほうで、それなりの言い分もあったのだが、仲裁人は、ここはとにかく女房のいうとおりに山に薪採りに向かうようにと男に教え諭《さと》す。

そこで、とりあえず男はアドバイスに従い、山に向かったが、道すがらあらためて怒りがこみあげてくる。思えば、こんな夫婦ゲンカでいつも近所の笑いものにされるのも口惜しい。しかし、もし近所の者が仲裁に入らなかったら、オレはこんどこそあの女に殺される……。人というものはみな一度は死ぬものだ。ならば、こんな屈辱に甘んじるより、いっそみずから死を選ぼう。と、男の思考はとんでもない方向へ走り出す。

では、どうやって死ぬか。いろいろ考えた末に、男が選んだ死の方法は切腹。しかも、山での薪採りに使おうと手にしている「鎌」でもって腹を切る、という壮絶な手法だった。彼にいわせれば、これが「百姓の似合う」切腹、「鎌腹」だ、というのだ。この後の江戸時代になると、切腹は武士の特権となるが、中世社会では百姓も時おり切腹することがあった。また、当時は百姓が刀をもつことも珍しいことではなかったが、しばしば「鎌」は百姓の生業や身分のシンボルと考えられることがあった。しかし、だからといって「鎌」で「切腹」という、ここでの男の主張は、当時においても、かなり不可解な行動だったといえよう。

ところが、いざ死のうと思っても、男にはその勇気がない。別に難しいことではない。手にした鎌を振り上げて、左の脇腹に「がばッ」と刺して、力まかせに「きりきりきり」と引き回したならば、腹わたが「ぐわらぐわら」と出る。すると目が「くるくる」とまわって、そのまま死ぬのだろう。と、イメージ・トレーニングをしてみるが、やはり恐ろしい。ならいっそ、鎌を首にひっかけて、そのまま力まかせに前にひっぱるとか（絶対無理だ）、鎌を地面に立て置いてそのうえに腹ばいに飛びこむとか（そっちのほうが怖いだろ）、いろいろ珍妙な方法を考案するが、けっきょく決心がつかない。やがて様子が気になった女房が駆けつけてくると、ひっこみがつかなくなった男は女房に向かって「鎌腹」を宣言し、みごと切腹して「おまえに腹わたを打ちつけてやる」とまで豪語する。

最終的に、この話のオチは「狂言」の諸流派によって異なる。大蔵《おおくら》流では、男が死んだら自分も死ぬという女房に男は、じゃあ、オレの代わりに「鎌腹」を、とちゃっかり勧めて、またも大ゲンカ。他の流派では、女房に「死ぬなら勝手にどうぞ」と見捨てられた男が、けっきょく切腹を諦《あきら》める、というオチ。いずれにしても、人の生死がかかっているだけに強烈なブラック・コメディーだ。

自害の効用

夫婦ゲンカの腹いせという、まったくつまらない理由で切腹しようとする男。その動機のくだらなさと決断内容のギャップが、この話の面白さを支えているのだが、あらためて当時の社会を考えてみると、それはあながちくだらないことでもなかったようだ。戦国大名伊達氏の分国法『塵芥集《じんかいしゅう》』のなかには、次のような奇妙な条文がある。

自害の事について。理由を言い残して死んだならば、その遺言の仇《かたき》に伊達家が成敗を加える。しかし、とくに遺恨を言い残していないのならば、問題としては採り上げない。ただし、それも状況に応じて判断する。(第二四条)

ちょっと目を疑うような内容ではないだろうか。誰かに恨みを残して自害した者が、その理由を言い残していた場合には、大名である伊達家が死んだ当人にかわって、その仇に処罰を加える、というのだ。つまり、当時の伊達領国においては、非力であるために自分の力で仇に復讐ができない者は、最悪の場合、みずから理由を言い置いて命を絶てば、大名家がその仇にかわりに復讐を果たしてくれる、というわけだ。

痛ましい話だが、現代でも学校での「いじめ」などでみずから命を絶つ子供たちが、遺書に加害者の名前を書き残すという例がある。もちろん現代では、そうしたことをしても、死者の遺言だけを根拠に加害者に直接的な制裁を加えることはできない。しかし、伊達領国に限らず当時の社会では、命を賭《と》した訴えについては、その主張内容の正否にかかわらず最大限に尊重されるという慣習があったのである。

中世は自力救済社会であり、やられたら、やり返すのが当たり前。しかし、自力でやり返すことのできない弱者はどうすれば良いのか……? 「アイツだけは許さない……」。一命を捨てる覚悟さえあれば、そんなどす黒い感情のほとばしりを受けとめる慣習が中世社会にはちゃんと存在していたのである。

信玄、大激怒！

たとえば武田家の領国、甲斐国での話。武田信玄（一五二一～七三）の重臣、山県昌景《やまがたまさかげ》の配下に北地《きたじ》某という男がいた。この北地という男は、もとは伊勢《いせ》国（現在の三重県の伊勢湾沿い）から流れてきた素浪人であったが、山県家に召し抱えられ一六貫文の知行地を与えられていた。しかし、この知行地の収穫高はあまり良くなかったらしく、北地は再三にわたって主人である山県に知行地についての不満を訴えていた。ところが、その訴えを受け付けた大場民部左衛門《おおばみんぶざえもん》は意地の悪い男で、北地が他国出身の外様《とざま》であったことから、彼を侮《あなど》り、その訴えを一切、山県に取り次がなかったのである。

当然ながら、自分の訴えがすべて握りつぶされていることに気づいた北地は逆上する。彼は仲の良い家中の同僚たちを集めて大場に対する不満のたけを述べたうえで、その恨みを遺書に書き記し、なんと衆人環視のなか切腹を企てたのである。慌てて取り押さえようとする周囲の同僚たちに邪魔されて、北地は思うように切腹を果たせなかったが、乱闘のなかで彼の体には十数ヶ所の刀傷が生じてしまい、けっきょく三日後にその傷がもとで死去したという。

これにより事態は大ごとになる。この一件は、すぐさま領国最高権力者である武田信玄の耳に入ったが、このときの信玄の怒りは尋常なものではなく、一時は怒りにかられて重臣山県を改易《かいえき》しようとまでしたという。さすがに他の重臣たちの必死の説得にあい山県の改易は取り下げられるが、最終的に信玄の下した処断は、北地の訴えを黙殺し続けた大場民部左衛門を、その一族もろとも皆殺しにする、という過酷なものだった。

かくして、結果的に北地の恨みは武田信玄すらも揺り動かし、北地は間接的なかたちで大場とその一族に対して痛烈な復讐を果たしたことになる。これは『塵芥集』の規定を裏づける逸話といえるだろう。

なお、この話は武田家の事績をまとめた『甲陽軍鑑《こうようぐんかん》』（巻八）に記されたものである。『甲陽軍鑑』については、その記述の信憑性について現在も賛否両様の意見があり、この逸話もどのていど史実を踏まえたものなのか、確認はとれない。しかし、基本的には信玄を顕彰《けんしょう》する書物のなかに記された逸話であることを考えれば、少なくとも作者がこのときの信玄の処断を異常な対応とは考えていなかったことは明らかだろう。

事実、この後、江戸時代になると、こうした行為はさらに習俗として定着していくことになる。江戸時代においては、恨みを残して切腹した者が切腹に使った刀を、その遺族が仇の家に届けた場合、届けられた仇の側はその刀を使って問答無用で切腹しなければならなかった。これを「指し腹《さばら》」の習俗とよぶ。中・近世の社会においては、他に方法がない場合、自害は究極の復讐法だったのである。

民俗学者の千葉徳爾《とくじ》氏によれば、江戸時代においても傷口からはらわたのあふれ出た切腹は「無念腹《むねんばら》」とよばれて、それを命じた主君に対する不満の意思表示と理解された。周囲の人々は、「多量の血を流して死ぬ姿を見るだけでも心が痛むのに、腹部を切開して大小腸が露出し白や赤の色が見る者を驚かす上に、それによる苦悶の顔色やうめき声などを見たり聞いたりすれば、悲惨な感じが強くなって刑を命じた側を批判したくもなろう」と、千葉氏は語る。江戸時代、「無念腹」は支配者にとって最も忌むべき反抗の表現とされたのである。

それを考えれば、さきほどの「鎌腹」の話も、くだらないブラック・コメディーとばかりはいっていられなくなる。なにせ男は切腹を止めに入る女房に対して、「腹わたを打ちつける」とまでの壮絶な発言をしているのである。男の自害は、夫婦ゲンカで男の誇りを踏みにじられ、かといって女房を自力で圧伏することもできず、このままいけば本当に殺されるかも知れないと思い悩んだ末のことだった。あるいは夫婦ゲンカに日ごろは冷淡な近所の人たちも、そんな男の壮絶な死にざまを見聞すれば、男にかわって女房に何らかの制裁を加えずにはいられないにちがいない。男の脳裏にそんな打算がなかったともいえないだろう。だとすれば、「鎌腹」は、哀れな男に最後に残された、女房への哀しい復讐手段だったのかも知れない。

「自殺大国」日本の淵源

二一世紀の現在、世界で麻薬（違法薬物）やアルコール、ギャンブルへの依存が大きな社会問題となっている。人間は弱い生き物だから、逆境にあるときや不安なとき、そうしたものに手を伸ばしてしまうこともあるだろう。ところが、これらの依存症については、日本は世界的にみても、きわめて〝優等生〟なのだそうだ。アルコールによる障害を抱えている人の割合は、世界的に人口（一五歳以上）の五・一パーセントなのだそうだが、お酒に寛容といわれるわりに日本はわずか三・四パーセントに過ぎない。また、大麻の生涯経験率は、欧米各国が四割近くにのぼるのに対して、日本はわずか一・四パーセント。昨今は日本でも違法薬物などの流通が社会問題になりつつあるものの、これらの依存症については、日本は先進国中で〝奇跡の国〟とよばれるほどの実績を誇っている（『日本経済新聞』二〇一八年九月二四日朝刊、『朝日新聞GLOBE＋』二〇一八年一二月二日号）。

　ところが、自殺率ということになると、話が変わってくる。「自殺対策白書」によれば、主要八ヶ国で日本はロシアに次ぐ高い自殺死亡率なのだそうだ。じつに年間のわが国の自殺者数はほぼ二万人。もちろん人が死を選ぶ理由は様々だろうが、世界の標準から比べると、日本人は薬物やアルコールに溺れるよりも、自殺というかたちで苦境から脱しようとする傾向が目立つといえるだろう。

　それは歴史学者からいわせてもらえば、「現代社会の病理」といった表層的なものではなく、おそらく日本社会の歴史と文化に根差したものといえそうである。たとえば、日本の戦国時代と同時代を生きたシェークスピアの史劇などを観ていても、自殺を悲劇の道具立てとして効果的に用いる作品がある一方で、『マクベス』にしても、『リア王』にしても、『リチャード三世』にしても、逆境に陥っても、彼らは必ずしも自害はしない。最期まで闘ったすえ壮絶な斬り死にをするか、発狂するか、憤死するか、のいずれかであり、戦国武将が落城とともに切腹するのがお決まりの日本の合戦譚《たん》とは好対照をなしている。むろん、その背景には自死を禁ずるキリスト教の宗教規範があることはいうまでもなく、彼我《ひが》の違いを考えるとき、宗教の違いは大きいだろう。

しかし、それとともに、さきの『塵芥集』や『甲陽軍鑑』の記述などを見ていくと、かつての日本には、自害した者に対して、その遺志を周囲が最大限に尊重しようという素朴な伝統があったことも無視できない。現代でも私たちは、ある主張に対して、その内容が正しいか間違っているかよりも、それを主張する人がそこにどれだけの思いを籠めているか、を基準にして価値判断を行う没理性的な傾向がある。それと同じで、当時の人々も命がけの主張に対しては、その主張が正しいか否かを差し置いて、無条件に尊重しようとする性向があったようだ。その背景には、死者の霊魂を信じる観念であるとか、一方が自害して他方が生きているのを不衡平と感じる喧嘩両成敗的な意識などもあったのだろう。いずれにしても、そうした社会意識は、時代を超えて現代の私たちの社会の死生観にも深い影を落としているのかも知れない。

石山本願寺の惨劇

天文五年（一五三六）四月、大坂の石山本願寺の寺内町で、ある裁判が行われた。さきに檜物屋町《ひものやちょう》の衛門四郎《えもんしろう》という人物が戦死したのだが、その遺産をめぐって衛門四郎の弟の与三郎《よさぶろう》・源六《げんろく》と、衛門四郎の娘婿の又四郎《またしろう》が争うことになったのだ。婿の又四郎は衛門四郎からの財産の譲状《ゆずりじょう》をもっていたが、弟たちに譲状はなく、彼らは又四郎のもつ譲状は偽作されたものだと主張していた。これに対して、石山本願寺の法主《ほっす》である証如《しょうにょ》（一五一六〜五四）は、又四郎のもつ譲状を正当な証書であると認定して、又四郎の相続権を認める判決を下した。

と、ここまではよくある裁判沙汰の話なのだが、このあと裁判に負けて、憤懣《ふんまん》の収まらない与三郎と源六はとんでもない行動に打って出る。まず彼らは本願寺のなかに乗り込んでゆき、本願寺の坊官《ぼうかん》（事務職の僧）下間真頼《しもつましんらい》の部屋に入り、散々な暴言を吐いたうえ、そのまま本堂に跳び込み、大勢の参詣客に向かって、次のような大演説を始めたのである。

「法主の裁きはまったく不当なものであり、オレたちは到底受け入れることはできない。ついては、オレはこの本堂で腹を切る。そうでなければ、寺内の堀を越えて飛び出してやる。そのときになって後悔しても始まらないからな！」

「堀を越える」というのが何をさすのか、残念ながら意味が明らかでないのだが、あるいは本願寺以外の権力にすがって復讐することを匂わせているのかも知れない。ここでも法のうえで勝ち目のなくなった者たちが切腹をちらつかせることで、自身の要求を通そうとしていることが見てとれる。

ひととおり不満をぶちまけて気が済んだのか、その後、二人は自分の家に帰っていった。しかし、本願寺としては到底彼らの振る舞いは容認できない。「ああいう者を野放しにするわけにはいかない」という坊官下間の意見により、ついに彼らの誅殺《ちゅうさつ》が決まる。

そうと決まると、本願寺の処断は水際《みずぎわ》立ったものだった。まず下間の命をうけた刺客《しかく》四人が派遣され、一人の男が与三郎を騙して家から誘《おび》き出す。「それほどいうならば、証拠の書類を出してくれれば、再審に応じてもよいとのことだ」という甘言に、与三郎は「証拠なんてねえよ。オレはただ兄貴（衛門四郎）のいうとおりのことをいったまでで……」といいながら脇差《わきざし》を抜いて門口に出る。そこを一人の男が不意に斬りつけて、瞬時に与三郎の腕がゴロンと斬り落とされる。慌てて片腕で脇差を振るって応戦しようとした与三郎に、さらに別の男二人が次々に斬りかかる。こうして、あえなく与三郎は落命。

つづいて彼らはもう一人の源六の家も襲撃する。源六はすでに与三郎の死を察していたのか、肩衣《かたぎぬ》一枚を羽織《はお》ると、近所の家の二階に駆け上がり、屋根裏の麦俵《むぎだわら》置き場に立て籠もる。しかし、刺客も決して容赦はしない。麦俵越しに刀で源六を二刺し。こちらもあっという間に始末してしまう。

お寺のやることとは思えないほど、本願寺の制裁は執念深く、また手慣れたものであるが、殺された側の与三郎と源六も最期まで命がけの抵抗をみせて、驚かされる。やるほうもやられるほうも、激情的な中世人の気質を物語って余りある逸話である。おそらく彼らの切腹の決意も口先だけのものではなく、それだけに本願寺としても看過《かんか》できなかったのだろう。

命がけのたかり

ところが、同じ石山本願寺で、こんな話もある。さきの事件から八年後の天文一三年（一五四四）一二月。暮れも押し迫り、今年も残すところ、あと三日となったこのとき、本願寺に一人の男が思いつめた表情で現れる。男の名は、斯波《しば》修理大夫《しゅりのだいぶ》義信《よしのぶ》。

室町幕府は将軍を補佐する役として管領という職を置いていたが、この管領職に就くことができるのは、斯波・細川・畠山という三家の当主に限られていた。本願寺に現れた斯波義信は、この三管領家である斯波家の一族である。世が世ならば、日本国の最高権力者に次ぐ地位につながろうかという人物である。ところが、戦国時代に突入していたこの時期、斯波家に昔日《せきじつ》の栄光はなかった。かつて守護職をもっていた越前《えちぜん》国（現在の福井県東部）は守護代の朝倉氏によって、また尾張《おわり》国（現在の愛知県西部）も家臣の織田氏によって奪われ、いまはかつての名声にすがって京都周辺でかろうじて命脈を保つのみの存在となっていた。

その斯波家の一族が本願寺に現れたのは、自身の窮状を訴え経済的な援助を求めるためであった。すでに二〇日ほど前、いちど義信は本願寺を訪れており、そのときも本願寺が支配している加賀《かが》国（現在の石川県南部）に空いている所領があったら分けてほしい、という虫のいい嘆願をしにきていた。天下の斯波家もここまで落ちぶれたかと証如は呆れながらも、ムゲにあしらうこともできず、返事を保留していた。すると、年の瀬も迫って、いよいよ義信は再度、不退転の覚悟で寺の門をくぐってきたのである。

この日、義信は明らかに熱に浮かされたような高揚状態で、その様子は傍目にも尋常なものではなかった。

「望みが叶わないのでしたら、こちらも面目がありません。こうなれば覚悟を定めます……」

つまり、彼はその場での自害をほのめかし、紙と筆を用意して遺書を書くそぶりを見せたのだ。いやいや、寺のなかで管領家の一族に切腹などされては、大スキャンダルである。それだけは勘弁してほしい。重役たちの進言もあって、証如はとりあえず五貫文（現在の価値で五〇万円ていど）の金銭をあたえて、義信には引き取ってもらうことにした。「こんなカネを払う謂われはないのだが……」と、証如はその日記に記しており、支払いには終始納得できぬものがあったらしい。事実、義信は五貫文を手にすると、周囲にもそれとわかるほど顔色が変わり、嬉しそうな笑顔を浮かべていたという。さっきまでの威勢《いせい》はどこにいったのだろう？　この急変ぶりに証如も「可笑しき次第どもなり」と、ただただ呆れている。

当時の人々のなかには、自害に対する社会意識を逆手《さかて》にとって、ゆすり、たかりまがいのことをする、こんな不届《ふとど》き者もいたようである（なお、似たようななゆすり、たかりは江戸時代にもしばしば見られた。小林正樹監督の映画「切腹」は、そうした逸話をもとに作られた時代劇映画の傑作である）。

一般に「切腹」というと、謝罪や刑罰の一形式としてとらえられることが多い。しかし、現代でも「腹黒い」とか「腹を割って話す」という言葉があるように、古来、日本人は「心」が腹の中に籠っていると考えてきた。切腹は、命とひきかえに、その真の「心」を満天下に開示するというアグレッシブな手段だった。そのために、その行為に対しては人々は、無条件に共感を寄せたのである。

第12話　落書きのはなし

信仰のエクスタシー

落書きの代償

二〇一六年七月、ツイッターでのある些細なつぶやきがネットを騒がせた。

同年六月三〇日にドイツのケルン大聖堂を訪れた首都圏の私立大学の女子学生二人が、大聖堂の壁に自分たちの名前や日付などを落書きしたうえ、こともあろうに、それをツイッターで誇らしげに画像をあげて自慢してしまったのだ。ケルン大聖堂は世界最大のゴシック様式建築で、ドイツが誇る世界遺産である。これを「祭り」に飢えた目ざといツイッター民たちが見逃すはずがない。たちまち落書きをした人物は特定され、ネット上では本名と写真が出まわり、「炎上」騒ぎとなった。

「落書きしたクズ女は幼稚園からやりなおせ、日本の恥め」

「クズだろ。どうしたらこんなに馬鹿になれるんだ？」

「世界に恥を晒す愚か者」「退学に値する」「恥を知れ」

五年経ったいまでも、ネット上で当時の書き込みを見つけ出すのは難しくない。その後、学生たちが所属していた大学はホームページに「世界の皆様に心からお詫び申し上げます」という謝罪文を掲載、現地に副学長を派遣して学生ともども大聖堂側に謝罪をした（『読売新聞』七月一三日朝刊、『朝日新聞』電子版八月三日）。私は、これまで半世紀近く生きてきて「世界の皆様に」お詫びした謝罪文というものを初めて見た。

似たようなバッシングは、二〇〇八年六月にも起きている。このときは、中部地方にある市立短大の学生たちが同年二月にイタリアのサンタ・マリア・デル・フィオーレ大聖堂（世界遺産登録地区内）の壁に学校名や名前を油性ペンで落書きしたのが発端だった。この頃はまだツイッターなどは一般的ではなかったため反響は緩慢だったが、そのぶん新聞各紙が大々的に採り上げげて、ケルン大聖堂の事件以上の騒ぎになっている（『読売新聞』七月一〇日朝刊、『朝日新聞』七月一一日夕刊など）。

短大には一日に抗議電話が五〇〇件、事態把握後もしばらく市に報告しなかったことが発覚して、大学も市長から厳重注意をうけている（『読売新聞』中部版六月二六日朝刊）。さらに数日後、関西の私立大学の男子学生三人の落書きも同大聖堂から発見され、学長が謝罪し、当人たちは停学処分とされる（『朝日新聞』六月二六日夕刊）。また月末には、新たに関東の私立高校の硬式野球部監督の落書きも発見され、校長が謝罪。監督は解任され、解雇や野球部の大会出場辞退までもが検討された（『毎日新聞』六月三〇日夕刊）。新聞の読者欄にはモラルの低下を嘆く投書が連日掲載され、しばらくはテレビも巻き込み国民的なバッシングの嵐が吹き荒れた。

「悪」はどんな些細なものでも、徹底的にみんなで叩く。過ちを犯した者には「世間」なるものに対して無限に謝罪を強いる。ツイッターの有無にかかわらず、こうしたことが集団発狂的に繰り返されるのが、哀しいかな、わが国の現実なのだ。

しかし、はたして彼らのしたことは、それほど悪いことなのだろうか？

お堂の中は落書きだらけ

ご想像のとおり、中世日本では、寺社への落書きはやりたい放題だった。中世の代表的な法典・法令を集成した『中世法制史料集』全六巻・別巻（岩波書店）という権威ある史料集がある。そのうち、各地の武士たちが支配地に対して発した法令を集めた第四〜五巻（武家家法Ⅱ〜Ⅲ）の二冊を見るだけでも、戦国大名などが寺社への落書きを禁止した法令は、これぐらい確認できる。

○らくがきの事（朝倉教景禁制、一五一三年、福井の西福寺宛て）

○らくがきの事（今川氏親禁制、一五一四年、静岡の長谷寺宛て）
○らく書いたすべからざるの事（蘆名盛氏掟書、一五五〇年、会津の諏訪神社宛て）
○落書ならびに高声の事（武田信玄禁制、一五六一年、山梨の府中八幡宮宛て）
○当社壇の内落書の事、一切これを停止《ちょうじ》なり（穴山信君禁制、年不詳、山梨の熊野神社宛て）

これだけ各地で禁令が繰り返されているということは、それだけ同様の行為が多発していたと理解するべきだろう。実際、中世に建立された全国の寺社建築には、内部の板壁に同時代の参詣者による多数の落書きが残されている例が多い。

かつて私も、戦国時代の落書きが残る寺として有名な新潟県東蒲原郡阿賀町の護徳寺観音堂と同町の平等寺薬師堂を訪れたことがある。護徳寺観音堂は一五五七年、平等寺薬師堂は一五一七年の建立《こんりゅう》で、室町時代の地方寺院の素朴なたたずまいをいまもよくとどめている。お堂の内部は光を通さず昼も真っ暗。床板の冷え込みは雪国ならではのもので、靴下を履いていても足の裏が刺すように痛かった。それだけでも往時を彷彿《ほうふつ》とさせるのに十分な雰囲気だったが、地元の方が照らす懐中電灯の光の先を見上げて、私は思わず息をのんだ。天井に近い板壁や長押《なげし》のあらゆる場所に、たどたどしいひらがなまじりの墨文字で落書きがなされているのだ。

まるで昨日今日書かれたような生々しい墨痕《ぼっこん》だったが、それらは字体からしても、間違いなく、このお堂に参詣した戦国時代の庶民たちの手によるものだった。懐中電灯を照らして四方を見まわせば、私たちのまわりは落書きだらけだった。このとき、同行した江戸時代の研究者であるSさんが溜息《ためいき》をつくようにして吐いた一言が印象的だった。

「こんなものを見ちゃうと、江戸時代よりも戦国時代のほうが最近のように思えてきて、なんかおかしな感じですねぇ」

江戸時代よりも戦国時代のほうが遥か昔のはずなのに、その戦国時代の人々の筆跡が私たちを取り囲んで生々しい。知識として知っている江戸時代よりも、彼らのほうがよほど身近に感じられるのだ。Sさんならずとも、自分のなかの時間軸がおかしくなりそうな体験だった。

おそらく参詣で立ち寄った巡礼者や、一夜の宿を求めて転がり込んだ旅人が、村はずれのお堂や社殿などに落書きをするのは、当時は当たり前のことだったにちがいない。戦国大名などがそれを禁じようという姿勢を見せてはいたものの、実態は庶民による落書きはやりたい放題だったのだろう。

しかし、なぜに彼らはこんなに落書きに大らかだったのだろうか。その落書きに書かれた内容も大いに気になるところだが、その中身に踏み込むまえに、まずは彼らが落書きに託した思いについて考えておくことにしよう。

落書き、いかがですか？

武田信玄の重臣、穴山信君《あなやまのぶただ》（一五四一〜八二）が領内下部《しもべ》温泉（山梨県南巨摩郡身延町）の熊野神社に宛てて命じた、次のような落書き禁止令が残されている。

当社壇の内落書の事、一切これを停止なり。ただし、舞殿以下の事、禁ずるにおよばざるものなり。（穴山信君禁制、年不詳、山梨の熊野神社宛て）

前半では社殿内での落書きを禁じており、それについては他の戦国大名の発した落書き禁止令と大差はない。ただ面白いのはその後で、「ただし、舞殿以下については落書きしても構わない」と述べているところである。戦国武将といえども、落書きを全面的に禁止することはできず、部分的に落書き容認空間を設定することで、本当に大事な神社の中枢施設への落書きを抑制しようとしたのである。もっと毅然《きぜん》とした態度をとれば良いものを。この落書きへの甘い対応は、いったい、なんなのだろうか。

どうやら当時、落書きは、現代の私たちが考えるような低俗な行為ではなく、一面で参詣者たちにとっての当然の行いと見なされていたようなのである。いまでも古いお寺や神社に行くと、建物のまわりに千社札《せんじゃふだ》が貼ってあるのを見かけることがある。さすがに近年は文化財としての認識が浸透してきて、お寺や神社も千社札を禁止するのが普通になったが、それでも古い時代に貼られたものがまだ剝がされずに残っているのを、よく目にする。

自分の名前や住所を江戸文字でデザインしたシールを寺院や神社の建物に貼りつける千社札の習俗は、江戸時代にまで遡るものだが、そこには参拝者が仏や神と交流をもったことを記念する、「結縁《けちえん》」の意識があった。参拝者は自分の名を書いたシールを建物に貼りつけることで、仏や神とつながりをもったことを示すのである。

中世の落書きにも、これと似た意識があったにちがいない。彼らは自分の参拝の事実を後世に記しとどめ、自身の願いごとが仏神に届くことを祈ったのである。落書きは仏神への願いと悦《よろこ》びの表現だった。千社札を貼ったり、現在も行われている絵馬に願いごとを書いて奉納したりする行為も、その洗練された形態と見るべきだろう。それは戦国大名といえども、簡単には封じ込めることのできない習俗だった。穴山信君が「せめて落書きは舞殿までにしてくれ」と懇願したのも、無理からぬところであった。

落書きする西行（『日本の絵巻19　西行物語絵巻』中央公論社・1988年）

鎌倉〜室町時代の絵巻物や参詣曼荼羅《さんけいまんだら》に描かれた有名な寺院や神社の風景には、多くのお参りする人々が描かれているが、実際、よく見ると、そこにも群衆に混じって落書きしている人が、ときおり見られる。たとえば前頁の図版は、鎌倉時代に描かれた『西行物語絵巻』だが、そこでは熊野の八上王子《やがみおうじ》（和歌山県西牟婁郡上富田町）を参拝した歌人の西行法師《さいぎょう》（一一一八〜九〇）が、ちゃっかり神社の玉垣《たまがき》に得意の和歌を書き記している。西行の手にかかれば、もはや落書きもアート。中世日本に現れた即興芸術家、さながら一二世紀のバンクシー、といった風情である。

しかし、落書きが許されたのは、アーティストに限ったことではない。とくに参詣曼荼羅は、寺院や神社が参拝者獲得の宣伝用に作った観光ポスターのようなものなのだが、そこにも西行と同じように参拝者が落書きをしている様子がさりげなく描かれている。考えてみれば、参拝者による落書きを寺社が不謹慎だと感じていたとすれば、そもそも観光用ポスターにそんなシーンが描き込まれるわけがない。むしろ落書きは、その地の寺社から推奨されていた可能性すらある。

参詣曼荼羅は、絵解《えと》きとよばれる宣伝マン／宣伝ウーマンによって各地に持ち運ばれ、解説付きで広められたとされている。

「由緒《ゆいしょ》ある××寺に来て、あなたも記念に落書きいかがですか？」

「ご利益ある○○神社は、いつでも落書きOKです！」

参詣曼荼羅をひっさげて全国を宣伝に飛びまわった絵解きたちは、あるいは、こんなことを吹聴《ふいちょう》して、落書きを奨めてまわっていたのかも知れない。

エロ落書き

　では、そんな彼らはどんな内容の落書きをお堂や社殿に残したのだろうか？
　現在確認されている中世の落書きで署名があるものは、ほぼすべて男性によって書かれたものである。その他の署名のない大多数も、文体や漢字の使い方などから、おそらくほとんど男性によって書かれたものだろうと推測されている。そんななか、さきほど紹介した新潟県阿賀町の護徳寺観音堂の数ある落書きのなかには、次のようなものが見える（読みやすくするため、一部ひらがなを漢字に改めた）。

　水沢住人・津河住人二平弥五郎［　　］天下一の若もじ様［　　］今生来世のために一夜臥《ふ》し申したく存じ候。

　なにせ落書きなので、すでに文字が擦れて読めなくなってしまっている部分もあるのだが、「若もじ様」とはイケメンの美少年を意味する。つまり、「天下一のイケメンと、現世来世の思い出として一晩でいいから一緒に寝たい」と書かれているのだ。「二平弥五郎」が美少年をさすのか、それともこの願いを書いた本人なのかはわからないが、書いた主は間違いなく男性で、美少年との同性愛を祈願した内容である。
　こうした同性愛の熱い思いを綴《つづ》った落書きは決して珍しいものではなく、他にも数多く各

地で確認されている。いくつか列記すると、

「若もじ様、恋しや、のふのふ（イケメン恋しい、あぁ）」（護徳寺）
「せめて一夕お情けうけ申したく候（せめて一晩お願いします！）」（同）
「あらあらしりしたや、のうのう、あわれよき若もじ（ああヤリたい、あぁ、カッコいいイケメン）」（松苧神社、新潟県十日町市）
「御結縁のために、仁四郎様、したやしたや（結ばれますように、仁四郎様、恋しい恋しい……）」（同）

もうこうなると、ほとんど現代のエロ落書きと変わらないのだが、現代との最大の違いは女性に対する愛欲を綴った男性の落書きがほとんど見られず、圧倒的に男性同士の同性愛の願望を綴ったものばかりという点だろう。この他にも新潟県十日町市の松苧《まつお》神社には、大般若経《だいはんにゃきょう》全巻を読破したという超マジメ坊主が「大方様《おおかたさま》恋しやなう」と、熟女未亡人への届かぬ思いを綴った落書きや、「まだ一度も抱き申さず候」と童貞卒業を祈願した若者の落書きがわずかにあるが、おおむね男性同士の恋愛願望の落書きが多数を占めている。

もちろん落書きの中身はすべてがすべて恋愛に関するものばかりではないのだが、それにしても、なぜ恋愛願望の落書きには異性愛ではなく、同性愛ばかりが目立つのか？　これは確定的なことはいえないのだが、どうも当時の人々は異性愛は結婚や出産・子育てなどを目

的としているぶん、所帯染《しょたいじ》みたものと考えていたふしがある。それに比べて、男性同士の同性愛は打算や生活の問題が介在しないぶん、ピュアなものと考えていたらしい。口うるさくて糠《ぬか》みそ臭い女房なんかではなく、もっと心から通じ合える〝運命の人〟と結ばれたい。彼らはそうした思いから、恋の成就《じょうじゅ》を仏神に祈念したのではないだろうか。

しかし、では一方で、なぜ女性の書いた落書きは見つからないのか。女性が参詣や参籠をしないはずはなく、字が書けなかったはずもないのだが、この点はまだ解明されていない。落書き研究上の大きな謎なのである。

夢で逢えたら……

とはいえ、エロ落書きをさんざん並べておきながら、同性愛はピュアなものだったといっても、なかなか読者にはわかってもらえないだろう。そこで、私が知っている哀感に満ちた切ない落書きを一つ紹介しよう。これは、兵庫県姫路市の名刹、書写山円教寺《しょしゃざんえんぎょうじ》の屋根瓦に刻まれた、ある落書きである（『兵庫県立歴史博物館総合調査報告書Ⅲ　書写山円教寺』）。

南無阿弥陀仏　甚六菩提《ぼだい》のためなり
恋しやと　思ひゐる夜の
夢はただ　いくたび
見るも　君のおもかげ

天文二十四年卯乙拾月十一日（花押）

日付は天文二四年だから、西暦一五五五年。武田信玄と上杉謙信が川中島で衝突を繰り返していた頃である。この瓦は、本堂屋根の修理のときに発見されるまで誰にも気づかれず、四五〇年にわたって天空を仰《あお》いでいたが、現在は屋根から降ろされ本堂内に展示されており、参拝者は誰でも見ることができる。ただ、この落書き瓦が作られた事情にまで考察を進めた研究者は、これまで誰もいなかったようだ。

丸瓦の表面に流麗な筆致で刻まれた文字は、おそらく瓦がまだ焼成される前に筆跡をなぞって彫られたもので、その後、焼きあがった瓦を寺には内緒で屋根にあげたのだろう。こんなことができるのは瓦職人しかいないから、筆者は瓦職人と考えて間違いない。また文末に花押《かおう》（サイン）が見えるが、当時、花押をもつのは男性に限られるから、筆者が男性であることも疑いない。

一行目に「南無阿弥陀仏」とあり、「甚六菩提のためなり」とあるから、この瓦はすでに死去した「甚六」なる男のために、瓦職人の男がその成仏を祈願したものなのだろう。では、「甚六」と筆者の関係は？

寺の屋根にプライベートな人物の成仏祈願を掲げるなど、お寺が許すはずもない。そこまでの違反行為をあえてするのは親子や兄弟のような親族相当の者でないとありえない。しかし、真相はそのどちらでもない。真ん中に書かれた和歌は「恋しやと　思ひゐる夜の　夢は

ただ　いくたび　見るも　君のおもかげ」。意味するところは、「恋しいと思っている夜にみる夢は、ただ何度みても君の面影だけだ」。これは明らかに恋の歌である。しかも、おそらくは死別した恋人への思慕《しぼ》を詠んだ歌である。

ここから推測するに、甚六と筆者の瓦職人は男同士の同性愛関係。ところが、一方の甚六は何らかの事情で不慮の死を遂げる。彼のことを片時も忘れられない男は、新たな仕事として受注、製作した円教寺の屋根瓦の一枚に彼の菩提を弔《とむら》う願いと思慕の念を綴った和歌を記し、誰にも知らせず、こっそりと本堂の屋根に据《す》え置いた。以来四五〇年、ひとりの物好きな歴史学者に気づかれるまで、男たちの秘めた想いは「天空」のみがそれを知っていたことになる。

もはやこれを「落書き」とよんではいけないのかも知れない。この瓦職人はこの世では決して叶わぬ想いを「天空」に捧げることで、仏神に届けようとしたにちがいない。ときに中世の「落書き」には、これほどの重く切ない願いが込められていたのである。

袋叩きにする前に

最後に、冒頭で紹介した現代の落書き事件の後日談を紹介しよう。

二〇〇八年のイタリアでの落書き事件は「犯人」に対する国民的バッシングが吹き荒れ、ついにさきの短大は学長が当事者の学生をともない大聖堂を訪れ、関係者へ謝罪するまでに追い込まれた。落書きをした女子学生は関係者のまえで泣きじゃくり、さすがに先方も当惑し、これ以上の謝罪は求めず、「この問題はもう水に流したい」と述べたという。

直後、イタリアの新聞各紙は、この日本の異常すぎる対応を一面カラー、写真入りで大きく特集記事で報じた（『朝日新聞』・『毎日新聞』七月二日朝刊）。メッサジェロ紙は「集団責任を重んじる日本社会の『げんこつ』はあまりに硬く、若い学生も容赦しなかった」と記す。とくに高校の野球部監督がプライベートで訪れた先での落書きを理由に解任されたことについては、「教員、大聖堂に落書きで解任の危機」、「わが国ではあり得ない厳罰」とコメントされ、「（日本では）間違いを犯した人間に対し哀れみはない」、「休みの日でも、地球の反対側にいても（落書きは）許されない」と紹介された。

イタリア人がこうした反応をした理由として、彼らのあいだでは観光地や宗教施設での落書きをさほど大きな問題と考えていなかったという事情があるようだ。フィレンツェに限らず、イタリアでは古代遺跡はスプレーにまみれ、アルプスの山々には石を組んだ文字があふれているという。落書きされた大聖堂の壁には、日本語の落書きの量をはるかに上回るイタリア語、英語の落書きがあるそうだ。たしかに外国の観光地に行くと、信じられないぐらいの落書きを見かけることがある。外国では、意外に落書きは身近なものだったのだ。某大学の学生も「ほかにもたくさん落書きがされていて安易な気持ちでやってしまった」（『朝日新聞』六月二六日夕刊）、例の短大の学生も「初めての海外だったので記念に書いた」（『日本経済新聞』六月二五日朝刊）と語っている。

さらに、解任された高校の野球部監督は、大聖堂の入り口で油性ペンを販売する人がいて、

「書くと幸せになると聞いて、つい書いてしまった」と語っている。事実、彼の落書きは自分と妻の名前をハートで囲んだものだった。合法かどうかは別にして、海外でも宗教施設への落書きに願いを込めるのは一般的なことだった。もちろん文化財の汚損は許されることではないが、愛の成就を神に祈ろうという姿勢は、中世日本の落書きにも通じる。そう考えると、はたして彼らを問答無用と袋叩きにした私たちの行いは、正しかったのか否か……？

　異文化を学ぶことの効能の一つは、自分たちが絶対的な〝正義〟や〝常識〟だと信じていることが、時や場所を変えれば必ずしもそうではないということを知る、ということだろう。それによって私たちは、自分たちと異なる価値観に対して〝寛容〟になることができる。私たちのご先祖も、現代の世界各地の人々も、落書きに素朴でストレートな願いを込めて生きてきた。それを一方的に「悪」と決めつけて、徹底的に吊《つる》し上げにする思考がいかに狭量《きょうりょう》なものであるか。落書きの歴史は、いまの私たちに意外に大切なことを教えてくれる。

第4部 過激に信じる中世人

第13話　呪いのはなし

リアル デスノート

ワラ人形、あります

最近のネット通販の便利さには、つくづく感心させられる。欲しいんだけど、どこの店に買いに行ったらいいのかわからない。自分で作ることもできるんだけど、時間もないし、すぐに手に入れたい。そんな誰にでも良くある悩みが立ちどころに解決する。

先日も、ネット通販のアマゾンで「ワラ人形」を売っていることを発見した。「本、ファッション、家電から食品まで」と銘打《めいう》っているが、まさかこんなものまで買えるとは。私が気に入ったのは、一八〇〇円の逸品。備考欄には「国産わら使用」、「一点ずつハンドメイド」、「よく一緒に購入されている商品」欄には「丸釘150ミリ」と、いろいろツッコミどころ満載である。販売会社の名前が「ジョイライフ」というのもイカしている。けっこう売れているらしく、カスタマーレビューの評価も高い。「すっごくいいです」、「効果はありました」、「概《おおむ》ね満足」といったコメントが並んでいて、いつか必要となる日のために、思わず私も買ってしまおうかと思ったぐらいである。

長年、人生を歩んでくると、きれいごとばかりでは済まなくなる。ときには「あいつさえいなくなればいいのに……」、「あいつが死んでくれればいいのに……」というどす黒い願望を抱くこともあるだろう。いや、むしろ、そうした思いを抱いたことが一度もない聖人君子のほうが、世間的には稀なのではないだろうか。とはいえ、まさかそれを実行に移すわけにもいかない。だから、そうした暗い思いをうけとめて、ネット上では、今日もワラ人形が売られ続けている。

ちなみに現在の日本の法律では、ワラ人形を使用して、憎い相手を死に追いやっても、決して殺人罪には問われない。相手の死と呪《のろ》いの因果関係が科学的に立証されないからだ。おかげで、こうしてネット通販でも安心してワラ人形が買えるわけだし、一般書籍上で、こうして「商品」の紹介をしても当局から怒られることもないのである。

ただし、くれぐれも五寸釘を刺したワラ人形を相手の家の玄関先に晒《さら》したり、呪詛《じゅそ》していることを相手に告げたりはしないように。そこまですると、さすがに現代社会でも脅迫罪が成立してしまうので要注意である。あと、他人の所有する土地に夜間に立ち入って、ワラ人形に釘打ちするのも、不法侵入罪や器物破損罪が適用される恐れがある。呪詛はあくまで自宅敷地内で行おう。

ともあれ、現代社会においては〝呪い〟と〝殺人〟のあいだには〝科学〟という大きな壁が立ちはだかり、その隔たりは決して小さくない。いま挙げた諸注意さえ守れば、呪詛自体が罪に問われることはないし、そもそも呪詛したところで、その効果があるかどうかは保証の限りではない。ところが、五〇〇年前の社会において、呪いはきわめて効果あるもの、と考えられていた。

今日は、そんな「呪い」をめぐるお話。

室町の最終兵器

京都の南の郊外にある醍醐寺は、平安時代に開創《かいそう》された真言宗醍醐寺派の総本山である。現在は「世界遺産」にも認定され、国宝の五重塔をはじめ山中に多くの伽藍《がらん》を配し、春は桜、秋は紅葉で知られた観光名所となっている。

その醍醐寺で、応仁の乱の真っただ中の文明元年（一四六九）一〇月に事件は起きた。

その頃、醍醐寺の周辺はまだ田畑に囲まれ、多くの村人たちがそこを耕作して、収穫の一部を醍醐寺に年貢として納めていた。醍醐寺は、その門前の集落のことを「御境内《ごけいだい》」とよんで、そこから上がる収益を重要な財源としていた。ところが、ある日、そこの村人たちが混乱した世情に乗じて、とんでもないことをいい出した。門前のすべての田地の年貢を半済《はんぜい》にする、というのだ。

「半済」とは、荘園領主への年貢の納入を半分だけにすること。残りの半分は、その土地を実効支配している者の手に委ねられた。有名なのは、高校の日本史教科書にも載っている、室町幕府が出した「半済令」だろう。室町幕府は南北朝の内戦中に味方の武士を増やすため、幕府側についた者には土地の年貢の半分をあたえるという出血大サービスの超法規措置を命じたのである。この半済令というお墨付きを利用して、各地の武士が力をつけ、かわりに収入の半分を失った寺社や公家が窮迫《きゅうはく》するという事態が生まれることになった（ただし、半済令には「半分」以上の年貢を侵犯することを禁じる意味合いもあり、一方で武士たちによるむやみやたらな年貢の侵食を阻止する側面もあった）。

しかし、今回は武士ではなく村人たちが「半済」を主張しはじめたのである。しかも、べつにこのときは室町幕府から半済令が出された形跡はない。「半済」というと聞こえはいいが、彼らは内戦下の混乱を利用して、事実上の年貢半減要求を醍醐寺に突きつけたのである。しかも、彼らはこの要求を貫徹するため実力行使に出て、寺に対して様々な「狼藉《ろうぜき》」（暴力行為）まで行っていたらしい。

お坊さんやお公家さんというと、質実剛健なサムライたちとちがって軟弱で、こんな事態が起きたら、オロオロするばかりで、てんで頼りにならない、というイメージが読者の方々にはあるかも知れない。しかし、このときの醍醐寺はビックリするほど毅然としている。

まず醍醐寺の僧侶たちは、この事態を放置すれば「一寺の滅亡」であると一歩も引かず、全山あげて村人たちに対する徹底弾圧に乗り出した。そのときの様子は、みな僧侶であるにもかかわらず「甲冑《かっちゅう》」や「弓矢」を帯びて、応戦に及ぶという過激なものだった。一方、対する村人たちも決して引き下がらず、門前は収拾のつかない大混乱に陥った。

やがて膠着《こうちゃく》状態を脱するため醍醐寺は、こういうときの「旧例」として、ついに恐るべき〝最終兵器〟の使用に踏み切ることになる。

時は、文明元年一〇月一〇日。僧侶たちは帳《とばり》から執金剛神《しゅこんごうじん》像を引っ張り出すと、それを本堂の内陣、東護摩壇《ごまだん》に安置して、そのまえで数日にわたり二〇人がかりで千反陀羅尼《せんべんだらに》と不断《ふだん》陀羅尼《だらに》という呪文を唱えた。さらにその後は神像を外陣《げじん》に再安置して、再度、毎日、千反陀羅尼を唱えたのだった。執金剛神とは、釈迦に従って仏法を守護する守り神。その姿は、仁王像と同じく憤怒《ふんぬ》の形相で、甲冑を帯び金剛杵《こんごうしょ》という武器を掲げる厳《いか》めしい武人の出で立ちをしている。ふだんは寺内の奥深くに安置されているその像を引っ張り出し、二〇人もの僧侶たちが堂のなかで濛々《もうもう》と護摩の煙を焚き、揺らめく炎のまえで呪いの文言をひたすらに唱え続けたのである。そのさまは、おそらくこの世のものとは思えない鬼気迫る情景であったにちがいない。

やがて、その効果はてきめんとなって表れた。まず首謀者であった村人数人はすぐに捕らえられ、寺の僧侶たちによって呆気《あっけ》なく処刑される。仏罰ここに報《むく》い来たれり！　かくて事件は落着したかに思えたのだが、話はまだここでは終わらない。

その後、他の「御境内」の村人たちにも「病死」、「病悩」（重病）、「餓死」、「頓死《とんし》」（原因不明の急死）という悲惨な運命が待ち受けていた。年内のうちに村内の数えきれない人々が不可思議な理由で次々と命を落としていったのである。その災厄は人間にとどまらず、果ては彼らが飼育していた牛馬や、家中の下人（使用人）にいたるまでが「頓滅《とんめつ》」するという始末。わずかな期間に、決して広くはない村のあちこちで、醍醐寺に反抗した人たちや無関係者が僧侶たちの呪いをうけて連続不審死を遂げる。これこそが醍醐寺が秘蔵していた〝最終兵器〟だったのである。

一つの村を、老若男女・牛馬眷属《けんぞく》までなぎ倒す〝最終兵器〟の威力は、われわれの想像を絶するものがある。生き残ったわずかな村人たちも、みなその霊力に戦慄《せんりつ》し、いまさらながらに天を仰いだにちがいない。

そんなバカな話があるか。と思われるだろうが、これは真実なのである。いや、少なくとも、当時の人々はこれを「真実」と考えた。こともあろうに醍醐天皇も祈願所とした霊験あらたかな大寺院に刃を向けた愚かな村人どもは、当然の報いとして、一村滅亡の災厄に見舞われることになったのである。その後、仏罰の霊験《れいげん》が証明され、醍醐寺に盾突く村人があらかた死に絶えたことを確認した翌文明二年五月三日、執金剛神像は元の場所に戻され、ようやく呪詛の儀式は終結した。

「これは本尊の威力であり、すべては皆の丹精込《たんせいこ》めた祈りの結果に他ならない。尊いこと極まりなく、崇敬してもしたりないほどのありがたさである」

一連の出来事を書き残した醍醐寺の僧侶は、右のような誇らしげな言葉でその文書を結んでいる（「三宝院文書」、『大日本史料』八編三巻所収）。

名前を書いたら、その人が死亡

本来なら人を救済するべき僧侶が、その死を念じて呪詛を行う。しかも、その効果が表れるや、得意満面。宗教者にあるまじき所業というほかないが、これは醍醐寺に限ったことではない。大和国一国を支配した奈良の巨大寺院、興福寺では、それがさらに頻繁に行われていた。

文明一八年（一四八六）三月、仲川荘（現在の奈良市）という荘園の年貢を、地元の武士である箸尾為国《はしおためくに》という男が横領してしまっていた。この年貢は荘園領主である興福寺に納められ、本来、唯識講《ゆいしきこう》という仏事の費用に充てられる重要な資金源だった。それを横領されてしまうと、もちろん仏事が開催できなくなってしまう。とはいえ、箸尾は強硬で、年貢を納入させることは難しそうだ。

そこで興福寺の僧侶たちは「名を籠《なこ》める」という、これまた〝最終兵器〟を使う決断をした。「名を籠める」とは、寺に反抗的な人物の名前を紙片に記して、寺内の堂に納めて、その人物を呪詛する、という禍々しい制裁であった。他のケースでの「名を籠め」たときの文書が残っているので、参考までに掲げると、それは左のような感じの紙片であったらしい。

神敵・寺敵の輩

山田太郎次郎綱近
文亀二年壬戌十二月二十三日

罪状と名前と日付という、きわめてシンプルな記載だが、この紙片を包み紙にくるんで、表に「執金剛神／怨敵《おんてき》の輩　山田太郎次郎綱近」と書いて、仏前に捧げて、ひたすらその身に災厄が降りかかることを祈るのである。

このときも「箸尾為国」の名前は、興福寺の五社七堂に籠められ、寺僧たちは南円堂に群集して、大勢で読経して彼を呪った。しかし、この時点では、彼はまったく悪びれた様子は見せず、むしろ居直って寺の悪口まで吐く始末だった。

すると、どうだろう。翌四月になって、箸尾の支配する村で「悪病」が流行し、一三〇人もの人々が続々と死んでいったのである。そのうえ、箸尾の手下だった村の代官も、妻女とともに病に伏せってしまったという。箸尾自身は死ななかったようだが、ここでも「名を籠める」ことの効果は疑いなかった。

「名前を書いたら、その人が死ぬ」といえば、私などはどうしても人気マンガ『ＤＥＡＴＨ《デス》 ＮＯＴＥ《ノート》』（大場つぐみ・小畑健、集英社）を思い出してしまう。名前を書かれた人を死なせることができる死神のノート（デスノート）を手に入れた主人公が、犯罪者を抹殺して理想世界を築こうと暴走してしまう物語である。あのマンガがヒットした理由には、複雑なプロットによる頭脳戦の面白さもさることながら、誰しもの心に「あいつを殺してやりたい」という相手が一人か二人はあって（それは身近な人間であることもあれば、ニュースでみた凶悪犯罪者であることもあるだろう）、そうした秘めた暗い願望を巧みに創作に取り込んだというところにあるのではないだろうか。もちろん現実世界ではそれを実現することは叶わないのだが、マンガのなかでそれを実現してくれるダーティーヒーローに対して、読者が半ば共犯感を抱く設定の妙は大きい。

しかし驚くなかれ、すでに述べたとおり、室町時代に「デスノート」は実在していたのである。死因や死亡時期は特定できないものの、複雑なルールや変な副作用もないので、ある意味で「名を籠める」のほうがシンプルで効率的ですらある。

この他にも、同時代に「名を籠める」制裁は、興福寺を蔑《ないがし》ろにする不届き者に対して、たびたびその威力が発動された。箸尾為国事件の前年、文明一七年正月には、平清水《ひらしみず》三川《かわ》なる人物が死亡したが、この男はさきに興福寺の大乗院門跡《もんぜき》の所領を不法占拠した罪で五社七堂に「名を籠め」られた者だった。そのため、このときも彼の死は「御罰」が下ったものと、多くの者たちに認識されている。

くだって天正六年（一五七八）八月には、やはり興福寺への「悪逆」の罪で一人の男に「名を籠める」措置がとられた。男には息子が二人あったが、やがて一人は「癩病《らいびょう》」（ハンセン病。当時は不治の病として最も恐れられ、不当な差別の対象とされた）に罹患《りかん》し、もう一人は「狂気」となってしまったという。このときも、この事実を日記に記した興福寺の寺僧は「冥罪眼前《めいざいがんぜん》、冥罪眼前（仏罰がくだった！　仏罰がくだった！）」と、呪力の効果に歓喜喝采《かっさい》している。

こんなわけなので、領民の側も、この「名を籠める」制裁を心底恐れていたようである。大和国勾田荘《まがた》（現在の天理市）の年貢二年分と運送料を横領した豊田猶若《なおわか》という人物は、その罪によって「名を籠め」られたが、明応八年（一四九九）一二月、謝罪のうえ横領分を弁償することで、その名を堂内から取り出してもらうことを許してもらっている。

また、さきに紹介した平清水三川は、その死後、名が籠められたことが寺僧たちにも忘れ去られ、気の毒にもそのままになってしまっていた。すると、彼の死から四年後の延徳元年（一四八九）六月、彼の息子がにわかに大病を患《わずら》ってしまう。四ヶ月が経っても体調は元に戻らず、周囲はもしもの事態を心配しはじめていた。そうしたなか自身の大病の原因が、父の名前がいまだに堂内から取り出されていないことにあると察した息子は、すぐさま興福寺に愁訴《しゅうそ》して、父の名を堂内から出してもらうことを求めている。

このように、「名を籠める」習俗は、寺僧たちはもちろん、領民たちにまでその効果が強く信じられ、宗教的制裁としての類《たぐい》まれな威力を発揮していたのである。

鎌倉～室町時代というと、鎌倉幕府や室町幕府に集った武士たちが〝歴史の主役〟で、坊主や神主は〝前時代の生き残り〟、あるいは武士に比べて〝無力な存在〟というイメージをもつ人がいるかも知れない。たしかに武士たちがもった〝武力〟を侮ることはできないが、当時においては僧侶や神官たちがもっていた〝呪力〟というのも、場合によっては物理的な暴力よりも当時の人々を震撼させる巨大な力であったのだ。

とくに「来世」の存在を信じ、「現世」は「来世」に至るためのステップに過ぎないという価値観をもっていた当時の人々にとってみれば、「現世」での果報《かほう》を失うだけではなく、死後も無間地獄に突き落とされる可能性のある呪詛の力は、まさに〝最終兵器〟であり、戦慄の対象であったにちがいない。

戦国の梟雄《きょうゆう》、呪詛に敗れる

室町後期に活躍した越前国の大名で、朝倉孝景《たかかげ》（一四二八〜八一）という人物がいる。彼はもともと越前国守護である斯波氏の家老の一人に過ぎなかったが、応仁の乱の最中に西軍から東軍に寝返るという離れ技を演じ、大乱の戦局を一転させたうえ、その功績で越前国の守護職を手に入れるという、〝下剋上〟の権化のような男だった。しかも、それによって手に入れた領国内に「朝倉孝景条々（別名、朝倉敏景十七箇条）」と呼ばれる分国法を制定したことなどから、北条早雲（伊勢宗瑞《そうずい》。一四五六？〜一五一九）と並んで〝最初の戦国大名〟とも評される人物である。

そんな目的のためには手段を選ばないマキャベリストの彼は、当然ながら、自身の領内にある寺社や公家の荘園に対しても容赦がなかった。荘園の管理役としての代官職を手に入れると、その権限をテコにして、彼は次々と荘園年貢を横領して、恐れ入る様子もなかった。そのため、当時、孝景の存在は公家や僧侶たちからの怨嗟《えんさ》の的となり、彼が病死したとき、ある公家などは「おおむね、めでたいことではないか。彼は天下の悪事の張本人である」と日記で快哉《かいさい》を叫んだぐらいである。前時代の権威など物ともしない、〝最初の戦国大名〟の面目躍如《めんぼくやくじょ》たる逸話であろう。

さて、興福寺も越前国内に河口・坪江《つぼえ》荘という大きな荘園をもっており、そんな孝景の専横に頭を痛める領主の一人だった。

寛正五年（一四六四）五月、孝景は興福寺領河口荘のうち、自分の意志に従わない細呂宜《ほそろぎ》郷（現在の福井県あわら市）の村を、こともあろうに焼き討ちにしてしまう。しかも、現地では孝景に反抗的な態度を示している三人の百姓が、現在も拘禁されているという。それ以前からの不当行為も重なって、ついに興福寺はこれを重大視し、ことの次第を室町幕府に訴え出た。しかし、室町幕府も孝景には強く出ることはできず、訴訟は棚ざらしのまま、いっこうに進展しない。

しびれを切らした興福寺は、ここでついにお得意の〝最終兵器〟の使用に踏み切る。悪逆無道な孝景の「名を籠める」のである。同年六月二四日、彼の名前を記した紙片は寺内の修《しゅ》正手水所《じょうちょうずどころ》の釜のなかに納められ、呪詛が開始された。

さすがの孝景も、これには参ったようである。彼も〝中世人〟、やはり呪詛は恐ろしい。興福寺で隠然たる力をもっている安位《あんい》寺経覚《じきょうがく》（一三九五～一四七三）という大物に泣きついて、ひたすら制裁の解除を求めた。そこで、もともと孝景とは交流もあり、男気のあった経覚は、このとりなし役を快く買って出て、孝景に「二度とこのようなことはしない」と記した起請文《きしょうもん》（神仏への宣誓書）を提出すれば、罪を赦してやることを提案した。

八月一〇日、京都の二条家の屋敷に孝景はしおらしく出頭し、経覚はじめ寺僧たちに「今後、興福寺をなおざりにすることはせず、忠節を尽くします」という起請文を提出し、彼らの見ているまえで文書に署判を据え、これまでの不届きの一切を謝罪した。かくして、〝最初の戦国大名〟とまでいわれた朝倉孝景も、興福寺という中世権力の権威のまえに惨《みじ》めな屈服を強いられたのである。

「呪詛の時代」の終焉

しかし、である。この一連の出来事を記す経覚の日記などを見てみると、不思議なことに気づく。上杉謙信が「景虎」→「政虎」→「輝虎」→「謙信」と名前を変えたように、この時代の人々が名前を変えるのは珍しいことではない。孝景も、もとは「敏景《としかげ》」と名乗っていたが、長禄元年（一四五七）七月〜同三年一一月の間に「教景《のりかげ》」と改名しており、この事件のときは「朝倉教景」と名乗っていた。実際、六月二四日に修正手水所に「名を籠め」たときは「教景」という名前に対して呪詛が行われていた。

ところが、それから一ヶ月余り後の八月一〇日に二条邸に謝罪に現れたとき、経覚の日記のなかで彼の名は「孝景」と記されている。つまり、呪詛をうけた後、この一〜二ヶ月の間に、彼は名前を「教景」から「孝景」に改名してしまったようなのである。あるいは、これは彼なりの「名を籠める」呪詛に対する対抗策だったのではないだろうか？

そもそも、『西遊記』に出てくる、その名を呼ばれて返事をすると吸い込まれてしまう銀角大王が所持する魔法のひょうたん（紫金紅葫蘆《しきんべにひさご》）の逸話や、わが国での妖怪や幽霊に名前を呼ばれても返事をしてはいけないという民俗禁忌のように、昔から洋の東西を問わず、名前にまつわる呪詛というものは存在した。「名は体を表わす」の言葉どおり、前近代において、名前はその人本人と一体のものと考えられていた。そうした認識を前提にして、「名を籠める」呪詛は成立していたのである。

では、それを逆手にとって、呪詛された人が改名をしてしまったら、どうなるだろうか。本家の『デスノート』では、そこに名前を書かれたら、絶対に死からは逃れられないという話になっていたが、さすがに対象者が法的に改名してしまった場合のルールは無かったように思う。しかし、その理屈でいけば、彼らも呪詛からは逃れることができるはずなのである。

どうやら朝倉孝景は、現代人が思いもつかない高度な裏技を編み出し、「名を籠める」呪詛を無効化しようとしていたようである。その後の歴史を見てみると、彼は応仁の乱の混乱に乗じて、けっきょくそれまで以上に荘園の侵犯を派手に展開して、ついには興福寺の二つの荘園を「半済」に陥れている。彼は謝罪を完全に反故《ほご》にしてしまったのである。やはり、彼は〝最初の戦国大名〟とよばれるに相応しい、新しい価値観の持ち主だったようだ（ちなみに、興福寺はよほど悔しかったのか、改名の事実を知らなかったのか、その後もしばらく朝倉孝景のことを「教景」と呼び続けている）。

むろん、呪詛を避けるためにわざわざ改名し、律儀にも謝罪の手続きを踏んだことを考えれば、それはそれで彼のなかにも呪詛を恐れる気持ちがあったことは否定できない。その点で、彼のなかには呪詛を不可避なものと恐れる中世以来の価値観と、呪詛すらも合理的に回避しようとする新時代の価値観が同居していたことになる。彼自身が、旧時代と新時代の境界的な存在だったといえるかも知れない。時代は、呪詛を恐れない、呪詛を合理的に回避可能とする人々を、少しずつ生み出していたのである。

さらに、そこから考えを進めるならば、「名を籠める」呪詛は、決して古い時代から連綿と行われ続けたものではないことにも注意をする必要がありそうである。これまで呪詛を中世の宗教権力の特徴であるかのように述べてきたが、じつは領民に対する呪詛の事例はあまり室町時代以前には見られないのである。どうも「名を籠める」をはじめとするエキセントリックな呪詛は、中世も後期に入って、宗教領主の命令に従わない百姓や武士たちが続出するなかで活用されるようになったようである。考えてみれば当たり前のことだが、当時の人々に神罰や仏罰を信じる気持ちがあったならば、そもそも年貢を半減要求したり、横領したりすることはなかったはずである。

だから、「名を籠める」という行為は、当時の人々が迷信に縛られていた証しというよりも、むしろ人々の心のなかから信仰心が希薄化していたことの表われとみるべきかも知れない。支配を継続するために恫喝《どうかつ》的な手段を使わざるをえない、宗教勢力の焦《あせ》りを示していると言い換えてもいいだろう。昔の人々がつねに迷信深くて純朴だったと思い込んではいけない。一見すると信心深い時代のように思える室町時代は、一方で〝呪詛の時代〟の黄昏《たそがれ》の時代でもあったのだ。

第14話　所有のはなし

アンダー・ザ・レインボー

虹の伝説

虹を追い駆けた少年の日――。誰でも覚えがあるだろう。自転車でどこまで走っても、けっきょく虹のたもとにはたどり着けなかった。あの虹の下は、いったいどうなっているんだろう？　今日は、そんなファンタジックな「虹」を手がかりに、中世人の所有意識について考えてみよう。

室町時代も終わりの頃、京都の烏丸《からすま》小路の西、近衛《このえ》大路の北にある近衛政家《まさいえ》（一四四四〜

一五〇五）の屋敷で、小さな「事件」が起きた。近衛家は摂関家のなかでも藤原道長の直系として最高の家格をもち、政家自身も関白・太政大臣を歴任した実力者である。そんな彼の屋敷は庭に植えられた糸桜が名物で、春になれば世人から「桜御所」とよばれるほどの景勝地であった。

ある日、にわかの雷雨の最中、屋敷の庭の南東のすみに綺麗な五色の虹がかかった。しばらくして雨があがった後、虹は場所を変え、こんどは近衛邸名物の糸桜のうえにその美しい姿を現した。なんてきれいな虹なんだ……。現代人ならば、ひと時の清涼感を味わって、それで終わりだろうが、中世を生きた人々は、そうはいかなかった。

「虹?! いや〜、まいったなあ〜。またか……」

と、政家がいったかどうかは知らないが、彼はすぐにある面倒な手配をしなければならなかったのである。

翌日、政家は邸内に三人の商売人を呼び集め、なんと、彼らにその場で商品販売をさせたのである。というのも、当時、「虹の立つところに市を立てる」という奇妙な風習があり、虹が現れたら、そこがどこであれフリーマーケットを開催しなければならなかったのだ。ちなみに政家の屋敷には、この一年後にも虹が出現しており、そのときも商売人たちが召し集められて、邸内で簡易市場が開かれている（『後法興院政家記』明応八年四月二五日・同九年六月二七日条）。京都の名勝「桜御所」は、そのため一時、庶民の雑踏渦巻く市場に姿を変えねばならなかったのである。

古代～中世では、虹はただ呑気に眺めるだけのものではなかった。商人たちからすれば、虹が立っているのを見つけたら、それはもうビジネスチャンス。すぐにそこに駆けつけて、ひと稼ぎしなくてはならない。とはいえ、子供の頃を思い出せばわかるだろう。虹のたもとはどこまで行ってもたどり着けない。そのへんはどう折り合いをつけたのかはわからないが、自分の屋敷のなかに虹が立ってしまったら最後（あるいは虹が立ったと他人から指摘されてしまったら最後）、この近衛政家のように、自宅を市場として開放しなければならなかったのだ。

ふるくは平安時代中頃の長元三年（一〇三〇）七月にも、同じような話が見える。そのときは、藤原頼通《よりみち》（九九二～一〇七四）と頼宗《よりむね》（九九三～一〇六五）兄弟の屋敷にまたがって虹が立ち、それぞれの家で「売買」が行われている（『日本紀略』）。「世俗の説」に従っての措置だったというから、すでに紫式部や清少納言の時代から「虹の立つところに市を立てる」という習俗は広まっていたのだろう。しかも「世俗の説」というからには、それは上層階級の文化というより、あくまで民間習俗として発生したものだと考えてよいだろう。

南北朝時代の応安五年（一三七二）八月にも、奈良の興福寺金堂《こんどう》の北東から南西に虹がかかった。そのため翌日から三日間にわたって、その場で市場が開催されている（『後深心院関白記』）。

ずいぶん迷惑な話だなと思われるかも知れないが、当人たちは当人たちで、この風習をそれなりに楽しんでいた。室町時代の京都に暮らした宇野玄周《げんしゅう》（一四三〇～八五）という町人は烏丸の街中に住んでいたが、ある日、彼の家の裏庭に五色の虹が鮮やかにその姿を現した。このときも玄周は三日間にわたりその地に市場を立て、さらにその後、そこに新たな家を構えた。これにより宇野家には幸運が舞い込み、玄周の店は家業をますます盛んにさせて、富み栄えたという（『補庵京華新集』）。虹は富をもたらすラッキーサインだったのである。いまでも「虹のたもとには宝が埋まっている」という俗信があるが、それも市場→交易→富という連想から生まれたものにちがいない。

他ならぬ近衛政家自身も、当日の日記に「商売人を召し集め、食物を買い取り、これを祝う」と書いている。彼自身も商売人たちが持参した商品の食べ物を買ってやっているし、しかも、それは一種の「お祝い」であるという認識もあったようだ。さしずめ自宅を公開して縁日を開くような感じだろうか。なんとも長閑な虹をめぐる中世の風物詩の一コマである。

過酷な処罰「一銭切」

それにしても、なぜ「虹の立つところに市を立てる」必要があったのだろうか？　この謎に独創的な解釈を施したのが、中世史研究者の勝俣鎮夫《しずお》氏である。以下、勝俣氏の学説をもとに解説をしていこう。

現代の私たちはメルカリやらヤフオクやらで、自分の身の回りの品を売ったり、他人の売り出している品物を買ったりを、わりと抵抗なく行っている。なかには他人の身につけたものはイヤだと中古品を敬遠する人もいなくはないが、それでも古着や古本の量販店やネットオークションなどの普及によって、顔を見たことも、どこの誰とも知らない人の所持品を買ったり譲り受けたりすることへの抵抗感は、おおむね昔より薄らいでいるといえよう。ところが、古代~中世の人々はモノに対する意識が私たちとは大きく異なっていた。彼らは自分の所持品を自身の分身、身体の一部とすら考えていたようで、それを手放すということに非常な抵抗を感じていた人たちだった。

それが最もよく表れているのが、当時の人々の「盗み」に対する意識である。中世社会の「盗み」に対する嫌悪感は強烈なものがあり、戦国大名などは「一銭切《いっせんぎり》」といって、盗みはたとえ銭一枚（現在の一〇〇円ていど）でも死刑に処される法を定めていた。しかも、これはべつに戦国大名が厳格な法治主義を採っていたからではなく、民間でも同様、もしくはそれ以上の激しさで盗みは忌避された。

和泉国日根荘《ひねのしょう》（現在の大阪府泉佐野市）に住んでいた荘園領主・九条政基《くじょうまさもと》（一四四五~一五一六）は、その荘園での四年間の生活を『政基公旅引付《まさもとこうたびひきつけ》』とよばれる日記に克明に書き残してくれている。その日記を読んでいて、もっとも印象的なのは、百姓たちの盗みに対する峻《しゅん》厳《げん》な姿勢である。

文亀四年（一五〇四）冬、大飢饉のなか、百姓たちは少しでも栄養を確保しようと、山に入ってワラビを掘り、その根から粉をとって、それを川の水にさらしてアクをとり、わずかばかりのデンプンを得ようとしていた。ところが、飢餓のなかで夜間に川にさらしてあるワラビ粉が何者かによって盗まれるという事件が頻発する。夜番をして警戒にあたったムラの若衆たちは、ついに数日後、その犯人を発見する。が、そのときの処断は壮絶なもので、盗みの犯人はもちろん斬殺、その犯人の家族も、母親・子供を問わず一家みな殺しにするというものだった。この顚末《てんまつ》を伝え聞いた九条政基は、さすがに絶句し、「盗人である以上は自業自得である。南無阿弥陀仏、南無阿弥陀仏」と日記に書き記している。

権力者はつねに暴虐で、民衆はいつもその被害者だったと思ってはいけない。こと盗みに関しては、中世の為政者は比較的穏健な処置を志向するのに対して、むしろ民衆のほうが過酷な処断をする傾向があった。

しかも、その処罰内容は盗んだものの価値とはおよそ無関係なのである。日根荘の話も飢餓のなかでなけなしの食糧を盗んだことへの人々の憎悪のように見えなくもないが、必ずしもそうとは限らなかった。戦国時代に日本に来たある外国人宣教師は、「われわれの間ではごくわずかな額でも、窃盗をしても、それが相当の金額でなければ殺されることはない。日本ではごくわずかな額でも、そのことによって殺される」と証言している（『日欧文化比較』）。さきほどの戦国大名の「一銭切」という処断も、そうした民衆世界の〝常識〟をうけて考案されたものと考えるべきだろう。

「所有」と「たましい」

つまり、中世の日本人は量や額の問題とは無関係に、他人のものを奪う「盗み」という行為そのものを単純に憎悪していたのである。その背景には、モノを所有者の肉体の延長、所有者の「たましひ（魂）」の一部が乗り移ったもの、とみる中世社会独特の呪術的な所有観念があったようである。モノは持ち主と一体であって、それを暴力的に剝奪する行為は断じて許されることではない。そうした確固たる信念が人々のなかにはあったようだ。

そうであれば、自分の所有しているモノを見知らぬ人に売ったり、見知らぬ人から買ったりする行為というのも、当然、当時の人々にはそうやすやすと受け入れられるものではなかったにちがいない。どこの誰かわからない者の「たましひ」が乗り移ったモノを簡単に手にするわけにはいかない。また、自身の「たましひ」が乗り移ったモノを容易に人手に渡してよいはずがない。だから、モノの交換がなされる場、つまり市場というものは、つねに特殊な時空である必要があった。

具体的には、中世において市場は戎神《えびすがみ》や市杵島《いちきしま》姫などの神仏が祀《まつ》られる〝聖なる場〟〝聖なる時間〟である必要があった。神仏によって聖別された日常とは異なる時空であることが、市場の必要条件だったのである。そこではあらゆる売買が匿名化され、すべてのモノが聖なる力によって、いったん〝誰のものでもないモノ〟にされた。これによって人々は安心して、自分のモノを手放し、他人のモノを手に入れることができたのである。

ここまで来れば、もうおわかりだろう。古今東西、虹は〝天界への架け橋〟であると夢想された。だから「虹の立つところ」とは〝天界への入り口〟と考えられていたのである。古代〜中世の人々にとって、「市を立てる」のに、これほど最適な場所はない。〝天界の入り口〟である虹のたもとこそが、モノの売買をする場所として最もふさわしい。勝俣氏は、そうした考えにもとづいて、日本社会で「虹の立つところに市を立てる」という習俗が生まれたのではないかと推測している。当時の人々の思考様式をふまえた説得力ある説明といえるだろう。

大量生産、大量消費が当たり前になった私たちは、用済みになったモノはとくに愛着なく簡単に手放すし、必要があれば簡単に購入する。ただ、モノがまだ身の回りに溢《あふ》れていなかった時代、人々がモノに寄せる思いは過剰なものがあり、それを暴力的に断ち切る「盗み」には強い憎悪が向けられたし、「売買」にはそれなりの呪術的な道具立てが必要と考えられていた。虹にまつわるファンタジックな習俗には、そんな古代〜中世の人々の独特な所有観念が反映されていたのである。

盗人晩の思想

この独特の所有観念が理解できると、あの歴史教科書でも有名な「徳政令」についても理解が進む。徳政令といえば、債権・債務を破棄して、質入れした動産や不動産、売買した不動産を勝手に取り戻すことができるという法令で、かつては悪名高い法として知られていた。もちろん現代社会で、そんなことが許されてしまったら経済生活の根幹が揺るぎかねない大問題となるだろう。ところが、当時の人々の所有観念からすれば、質入れや売買という行為こそが、モノを本来あるべき場所から引き剝がす異常な行為なのであって、モノは本来あるべき場所、本来の所有者のもとへ戻ることのほうが正常であるといえた。

そこで、鎌倉・室町の両幕府はときおり徳政令を発して、異常な場所に移ってしまったモノをもとに戻すことを命じたのである。当時、徳政令は幕府などの公権力だけでなく、「在地徳政《ざいちとくせい》」といわれて地方社会でもたびたび独自に発せられたし、当事者同士での「私徳政《しとくせい》」も大いに行われていた。当時の人々はモノの戻りを秩序の紊乱《びんらん》と考えるどころか、不当に偏ってしまったモノを再配分する仕組みとして、むしろ大歓迎していたのである。この法が「徳政」（徳のある政治）令とよばれたのも、そこにすべての理由がある。

こうして考えていくと、私たちの先祖は、ひょっとしたら「所有」という行為を私たち以上にデリケートなものと考えていたのではないか、という気がしてくる。モノは簡単に「売買」できるものではないし、ましてカネにものをいわせてモノをみずからのもとに集積して「独占」していくことは忌まわしい行為に他ならない。現実社会では商業の進展と資本の蓄積は否応のない流れとして進展しているものの、（だからこそ！）一方で人々はそうした考えを持ち続けていたのではないか。

「彦一とんち話」で知られる作家であり民俗学者でもあった小山《おやま》勝清（一八九六〜一九六五）は、その著書のなかで、郷里の熊本県球磨《くま》郡四浦《よ うら》村晴山《はるやま》（現在の相良村四浦）で少年時代に行われていた「盗人晩《ぬすっとばん》」という不思議な習俗を紹介している。この地で「盗人晩」とよばれていた旧暦九月一七日の夜を、小山は次のように回顧する。

この夜は、盗人晩と名づけられた不思議な一夜であった。その夜にかぎって、野菜や果物を自由に盗むことが許された。まさか大人は手を出しかねたが、子供たちは盆や正月と同じように、その夜を待ちこがれたものである。……少年たちは夕御飯に帰るまえに、すでにその夜の目星をつけておく。「今夜は盗人晩だ、みんな用心しろ」などと親たちはいうけれど、その顔には平和な好奇の色が浮かんでいる。……少年はむくむくと起き上がる。そして定められた場所へ、忍び忍びに集まって行く。もう月はあがっている。子供たちは木陰から木陰へと、つたいながら敏捷《びんしょう》に活動をつづける。そして大胆にも盗んだ物を、お堂の森に運び込む。それから数日の間、夜を除いて、学校から帰っても、少年たちは村なかに姿を見せぬ。そのはずである。彼らは蜜蜂のように糧食にたかっているのである。(『或村の近世史』聚英閣・一九二五年。かなづかい・漢字・読点を改めた)

その夜だけは「盗み」が許される。まるで現代のハロウィンをスリリングにしたような、子供たちの格好のレクリエーションではないか。この盗人晩を、さらに古老の佐七は「わしたち百姓は、九月の一七日の晩だけ、みんな地所を元の地主——この土地を開き、立派にしてくれた、たくさんな人様の魂にお返しし申すのでござり申す。すると、その仏さまたちは、まだ何にも持たぬ無邪気な子供たちにくれてやるんでござり申す」と説明する。盗人晩は、独占されていたモノを解き放ち、もういちど再配分する、一夜限りの「徳政」だったのだ。

令和に残るお月見泥棒

盗人晩の風習と理念が中世にまで遡るものであるかどうか、史料的に論証するのは至難である。ただ、この風習自体は似たようなものが全国各地に見られたし、二一世紀の現在も細々と確認することができる。それが「お月見泥棒」である。

ご存じだろうか？　お月見泥棒とは、新暦九月の十五夜（ところによっては十三夜）の晩にお供えされるお月見ダンゴを、この日に限って子供が盗んでよいという風習である。かつて十五夜・十三夜は民間では芋名月《いもめいげつ》・豆《まめ》名月などとよんで、ダンゴに限らず畠作の収穫物を供える行事だった。それを自由に「泥棒」してよいという趣旨にしても、九月一七日頃という日にちにしても、このお月見泥棒こそは「盗人晩」の系譜をひくものと考えてよいだろう。

文化庁が一九六九〜七一年に『日本民俗地図（年中行事）』という民俗行事の統計データを刊行している。このデータは現存する民俗調査のなかで最も大規模かつ詳細なもので、そのなかでお月見泥棒についても事細かに全国調査が行われているので、少し紹介しよう。

そのデータを見てみると、五〇年前の当時、お月見泥棒は青森から鹿児島まで全国的に十五夜ないし十三夜にともなって行われる行事であったことがわかる。「泥棒」される対象はダンゴに限らず、地域によっては「他家の果物をとっても罪にならぬといって、子供たちが他家の梨をもいでいた」（福岡）とか、「他人の畑から公然と物を盗む風があった」（島根）という。また、「自分の家より優勢な家から下げる（盗む）と縁起がよいと喜んだ」（栃木）というから、ほぼ「盗人晩」と同趣旨の行事と断定してよいだろう。さらに詳細に見てみると、お月見泥棒は関東・大阪・新潟・奈良に突出して多く行われ、逆に中国・四国地方ではほとんど見られず、九州ではとくに大分に特徴的な行事であったことが確認できる。

ちなみに、民俗学の研究文献を見てみると、このお月見泥棒を中国渡来の習俗と位置づけるのが通説であるようだが、そのわりには西日本に空白域が目立つ。中国から渡来して西日本から東日本に伝播《でんぱ》したとするならば、このような残存状況をはたして示すだろうか。この『日本民俗地図』の分布を見るかぎり、お月見泥棒はことさらに中国に起源を求める必要はないように思える。お月見泥棒は、「徳政」の系譜をひく、わが国固有の習俗だったのではないだろうか。

五〇年も前のデータをこれ以上紹介するのも気が引けるので、最後にもう少し新しい私のオリジナルの調査成果をご披露しよう。このお月見泥棒に興味をもった私は、二〇一〇年一一月、職場である明治大学商学部の授業で、受講学生を対象に「お月見泥棒を知っているか」というアンケートを実施したことがある。対象学生は二三三人。このうちお月見泥棒を経験したことがあるという学生は、わずかではあるが、五人（二％）確認することができた。内訳は愛知県三人（名古屋市、三河地方、不明各一人）、千葉県一人、宮崎県（宮崎市）一人。わが職場は首都圏（一都三県）出身者が全学生の七割を占める典型的な都市型大学であるが、そのなかでもお月見泥棒の記憶はどうにか命脈を保っているようである。ちょっとインターネットで検索してみても、いまも静岡県静岡市葵区日向や、大阪府四条畷市田原地区などでお月見泥棒が行われているらしい。

むかし、ダニエル・シュミット監督の『今宵かぎりは……』（一九八六年日本公開）というスイス映画を見たことがある。年に一度の聖ネポムク祭の夜、ボヘミア貴族たちはその夜だけ主人と召使いが役割を交換するのだという。その一晩の宮殿内の奇怪なパーティーの様子をひたすら淡々と幻想的かつ退廃的に描いた、なんとも不思議な映画だった。

この映画のモチーフになった聖ネポムク祭がどういうものか、私は知らないし、ひょっとしたら、この元ネタ自体、監督の創作だったのかも知れない。ただ、洋の東西を問わず、硬直した社会制度のもとでの一種のガス抜きとして、一年に一度ぐらい、様々な価値を転倒させる祝祭というのは、かつてはよく見られた（たとえば古代ローマのサトゥルヌス祭では、その期間だけ奴隷が解放された）。それを考えると、現世の価値を一時的であれひっくり返し、社会全体をもういちどリフレッシュさせる知恵をもっていた社会というのは、それなりに〝成熟〟した社会だったのではないだろうか、と思えてくる。私たちが当たり前と感じる「支配」や「所有」というものに対して、かつての人々はまだデリケートな〝痛み〟を感じとっていたのである。

虹のむこうに〝天界〟を見た時代、そんな時代にもういちど戻ろう！ とまではいわないが、とりあえず「お月見泥棒」あたりから、地域に復活させてみてはどうだろうか？ コンビニ業界の宣伝に踊らされた「恵方巻」やら、いまや本義が忘れ去られてオトナの仮装大会に堕してしまった「ハロウィン」に興じるよりは、よほど健全で、ファンタジックだと思うのだが……。

第15話　荘園のはなし

ケガレ・クラスター

先生泣かせの日本史テーマ

高校で日本史を教えている先生方と話していると、決まってやや非難がましくいわれるのが、「荘園」をめぐる話題だ。日本史の教育現場で教えるのがいちばん難しいのが、中世の「荘園」なのだそうだ。もうちょっとやさしく教える方法はないものか。あれはいったい、なんなんだ。と問い詰められたのは、これまで一度や二度のことではない。とはいえ「日本史のなかで荘園がいちばん難しい」というのは、四〇年前に書かれた荘園の概説書にも書かれていることなので、いまに始まったことではないし、そもそも私になんの落ち度もないのだが、こうまでいわれると、研究者として多少なりとも責任を感じてくる。そこで今日は勇気を出して、日本史教科書の最難解テーマ、「荘園」をめぐるお話、である。学生時代に戻ったつもりで、しばしお付き合い願いたい。

とはいえ、だいたい、難しい、難しい、といわれるが、簡単に説明してしまえば、そんなにややこしい話ではない。「荘園」とは、奈良時代から室町時代にかけての「中央貴族や寺社による私的大土地所有の形態」のことである。いまでも発展途上国などでは、都会に住むひと握りの大地主たちが地方の広大な農園を独占的に支配する形態が見られるが、それと同じような実態である。これが古代から中世にかけての日本史上の基本的な政治・経済・社会制度となった。

ただ、面倒なのは、その先なのだ。荘園といってもピンからキリまであって、何を標準的な荘園と見なせばよいか、まったく正解がないのである。たとえば広さに注目すれば、近衛家の荘園である南九州の島津荘などは、現在の鹿児島県とほぼ同じ広さである。旧国名にすれば、薩摩《さつま》国と大隅《おおすみ》国がすっぽりそのなかに含まれてしまうほど広大で、「国」よりも大きな「荘園」なのである。その一方で、東寺の荘園である京都の拝師荘《はいしのしょう》（現在の京都市南区）などは、その広さはわずかに約一一町（約一一ヘクタール）。ほぼ東京ドーム二個分に過ぎない。一ヶ所の土地にまとまった田地をもっている荘園もあれば、あちこちに田んぼが散在していて、その総体を「××荘」とよんでいる荘園も当たり前に存在した。

また、荘園から荘園領主にあがる上納品のことを「年貢」と呼ぶが、これが「米」を指すとは限らない。荘園によっては、年貢を「絹」で納めることもあれば、「鉄」で納めることもあった。また、荘園の管理職のことを、「下司《げし》」とよぶ荘園もあれば、「預所《あずかりどころ》」とよぶ荘園もあり、「公文《くもん》」とよぶところもあれば、これらの職が複数併存している荘園もある。その職権や地位は、各荘園によって全く異なる。これでは、生徒たちに具体的に教えるのが難しいのも無理はない。つまり、荘園というのは、その成立事情に応じて、きわめて多様な地域性をもっているのが普通であって、その最大公約数の定義を述べれば「中央貴族や寺社による私的大土地所有の形態」ではあるものの、そもそも一つの「典型」を見出すこと自体が不可能なシロモノなのだ。

え？　それじゃあ、答えになっていないじゃないか？　いや、まったくその通り。これでお茶を濁してはさすがに心苦しいので、「中央貴族や寺社による私的大土地所有の形態」という以外に、ここではもう一つ、私が荘園の定義として重要と考える点を付け加えたいと思う。

それは、「聖なる空間」としての性格である。

「鎮守」「境内」「牓示石」

「私的大土地所有」といってしまうと、なにやら世界史におけるアシエンダとかプランテーションに似たような、ただの大農園のイメージをもってしまうが、日本中世の荘園は、そこに生活する人々に対しても、そこを支配する人々に対しても、「聖なる空間」としての意味をもっていた。元来、貴族や寺社が荘園を「私有」することが許されたのは、それが彼らの職務である儀式や法会を執り行うための経費を保障するためであった。だから、荘園は他の土地と違って、それ自体、「国家鎮護《ちんご》」や「仏法興隆《ぶっぽうこうりゅう》」など、崇高な目的を実現するための特別な場だったのである。これは高校の日本史教科書などにはほとんど書かれていないが、荘園のもつ非常に重要な特質である、と私は考える。

そのため、荘園領主たちは荘園を設定するにあたって、その中心地に「鎮守《ちんじゅ》」とよばれる自分たちが信仰する守り神を祀った。藤原氏の荘園だったら、彼らの氏神である春日《かすが》神社。荘園領主が武家だったら、武門の神である八幡《はちまん》神社。延暦寺の荘園だったら、比叡山の地主神である日吉《ひよし》（日枝《ひえ》）神社、といった具合である。それらの宗教施設を中核にして、彼らは荘園の領域を「境内《けいだい》」とよび、他とは違う土地であることを誇った。

余談だが、この鎮守の存在は私たち歴史学者が地域の歴史を探るときに、とても大事な手がかりとなる。私たちは地方の荘園跡などを歩いていて、そこに中世まで遡る八幡神社があったりすると、「あ、ここは武家の荘園だったのか」と気づいたり、賀茂《かも》神社があったりすると、「あ、ここは賀茂社領か」とわかるわけである。だから、とくに古文書が残されていない地域の歴史を考えるとき、現在、そこにどんな神様が祀られているかが、重要なヒントとなることが多い。

なかには荘園の領域の境界に、「牓示石《ぼうじいし》」とよばれる目印の石を置く荘園もあった。もちろん隣の土地と境が取り紛れないようにとの実利的な配慮から置かれるのだが、それらのなかには巨大な自然石が使われ、いまでも数百年の歳月をこえて、その場所に残されているものもある。興味深いことに、それらの巨石の多くはいまでも信仰対象とされ、さわることや動かすことについてのタブーが地元に語り伝えられている例が多い。

私の知っているある地域の牓示石には、「さわると頭が悪くなる」という言い伝えがあり、周囲が住宅地化しているにもかかわらず、地元の人々はその石を動かしたがらず、そこだけポツンと中世のままに取り残されて、奇妙な風景を作り出しているものもあった。これなども荘園の「聖なる空間」としての意識が、いまでも残っているがゆえといえるだろう。とはいえ、私たち歴史学者はそれらの遺物を調査記録することが仕事なので、祟《たた》りで「さわると頭が悪くなる」といわれても、そこでたじろぐわけにはいかない。研究者として当然のことながら、その地に足を運んだ際には、そんな牓示石でもメジャーを使って毅然とした態度で計測することが求められる。ちなみに、私に代わって実測をお願いした後輩某君には、その後も言動に異常な点は見られなかった。どうかご安心いただきたい。

クラスターと消毒

問題となるのは、そんな「聖なる空間」である荘園で、犯罪が発生した場合である。この時代、殺人・盗み・ケンカを問わず犯罪というものは、禍々しいケガレを生むものと考えられていた。

ケガレといっても、現代人にはピンとこないかも知れない。現代でもお葬式に参列した後、自宅の玄関先で「お清《きよ》め」の塩を身体に撒いてから家に入るという風習がある。これなどは、古代・中世以来の「死＝ケガレ」という観念に基づいている。ケガレは伝染するとされていて、葬式に参列した人には、死のケガレが伝染すると考えられていた。だから、ケガレをそのまま自宅に持ち帰って、家族をケガレに二次感染させないためにも、お葬式から帰ったら、塩で身体を清めて、ケガレを浄化するわけである（ただし、ケガレ観念自体を否定している浄土真宗系の葬式などは、現代でも「お清め」は行われていない）。まるで当今の新型コロナウイルスみたいな話だが、まさに古代・中世を生きる人々にとって、ケガレとは現代のウイルスに近いイメージで捉えられていたのだ。

一般的にケガレは「死」や「血」に接近することによって発生すると考えられていたが、その他に犯罪行為によっても生まれるとされていた。嘉暦《かりやく》二年（一三二七）の年末、筑後国《ちくごのくに》の瀬高下荘《せたかしものしょう》（現在の福岡県柳川市大和町鷹ノ尾）という荘園で、稲泥棒が発生する。この稲泥棒は、したたかにも盗んだ稲束をいったん知り合いの酒屋のもとに預けて犯罪を隠蔽しようとしたが、けっきょくその悪事は露見してしまう。ところが、問題はここからだった。稲泥棒が盗品の稲束を預けた酒屋は、ここの荘園の鎮守である鷹尾《たかお》神社にお神酒を奉納する、神社御用達の酒屋だったのだ。そのため、「社例」（神社の決まり）に基づき、酒屋の「清め」を行わなければ、恒例の祭礼が実施できなくなってしまったのである（『鷹尾神社文書』）。ここからは、当時、犯罪がケガレを生み出すもので、たとえ酒屋の主人自身が盗みに直接関与していなかったとしても、盗品を介してケガレは伝染するもので、酒屋はすでにケガレてしまったと考えられていたことがわかる。

あるいは、山城国上野荘《かみののしょう》（現在の京都市西京区）という荘園では、永享六年（一四三四）二月、刑部次郎《ぎょうぶじろう》と兵衛四郎《ひょうえしろう》という二人の百姓が、原因はわからないがケンカになった。二人のケンカは最初は些細な「口論」から始まったようなのだが、やがて諍《いさか》いはヒートアップして、とうとう両者は刀を抜き、ついには互いに刺し違えて死んでしまった。当時は普通の百姓も刀を身に帯びていたから、ちょっとしたことが大惨事につながる恐れがあったのである。この事件を知った荘園領主である東寺は処罰として、当事者である刑部次郎と兵衛四郎の自宅を差し押さえた。しかし、それにとどまらず、東寺はケンカの場に居合わせた三人の者たちの自宅も一緒に差し押さえようとしたのである（『東寺廿一口供僧方評定引付』）。別にこの三人がケンカをけしかけた形跡もなく、彼らはまったくのとばっちりだったようだが、これもケンカという犯罪がケガレを生んだという認識にもとづいているのだろう。その場に居合わせた彼らはケガレを分有している、いわばクラスター（感染者集団）と見なされたのである。

では、こうした認識が一般的だった荘園社会においては、「罪」に対する「罰」はどのような対処が相応しいと考えられていたのだろうか。現代の私たちと違って「犯罪＝ケガレ」と考えられていた以上、その「罪」に対応する「罰」も、当然、現代の私たちの社会とは異なる姿勢が必要とされた。

たとえば、死刑。これは犯罪者を抹殺するためにはいちばん安易な手段だが、これまでの説明でもわかるとおり、逆にそれによって聖なる荘園内に「死」のケガレ（死穢《しえ》）が発生してしまう恐れがある。そのため、中世荘園では死刑という刑罰は、基本的には採用されない。また、禁固刑というのも、同様の理由でダメである。犯罪者を荘内に留めて置くことによって、犯罪によって生じたケガレ（犯罪穢《はんざいえ》）はいつまでも「聖なる空間」に留まってしまう。だから、日本中世の荘園には基本的に牢屋は無かったのである。

そこで、当時の荘園で最もポピュラーな刑罰となったのが、次の二つ。犯罪者の身柄の荘外への追放と、その住宅の焼却処分、であった。ケガレを生み出した張本人を「聖なる空間」から追い出して、さらにその居住の痕跡《こんせき》も抹消する。これが荘園の清浄さを保つための最善の方法と考えられていたのである。

そこには犯罪者の更生という発想は微塵もないし、さらにはその犯罪者が他所で同様の犯罪を繰り返すリスクに対する配慮もない。ついでにいえば、被害者の報復感情というものも、まったく顧慮《こりょ》されていない。ともかくも荘園空間の清浄性の維持。これが最大にして唯一の目的だった。そのため、この時代の荘園では、犯罪が発生すると、荘園領主によって犯人の自宅だけでなく、その犯行現場の家屋や、場合によっては犯人が犯行後に立ち寄っただけの茶屋でさえも、徹底的に焼き払われた（焼き払わない場合は、かわりに破壊された）。もちろんケガレ・クラスターの撲滅が、その狙いとするところである。これを「刑罰」とよぶのは、もはや妥当ではないのかも知れない。まさに「お清め」「お祓《はら》い」が、その本質である。

「神宝《しんぽう》を振る」「ホラ貝を吹く」「灰をまく」

荘園の刑罰の本質が「お清め」や「お祓い」にある、となると、荘園領主の刑罰には、まことに奇妙なバリエーションが生まれてくることになった。たとえば犯罪が軽微なものだったりした場合、犯罪者の家を焼くことまではせず、その者の家や田畠を一定期間差し押さえる、という措置が採られた。その際、その家屋や田畠は出入り口が封鎖され、その利用が凍結されることになるが、そんなとき荘園領主は家や田畠に「注連縄《しめなわ》を張る」という措置を採った。

注連縄なんて、現代ではお正月のときにしか見かけないし、それもお祝いとしての喜ばしいイメージが強い。しかし、本来、注連縄はその場所が「聖なる場所」であることを示すための結界であって、それを張ることによって、そこを俗人が容易に立ち入ることのできない特殊な場所に変貌させることに目的があった。お正月に家や神棚に注連縄を張るのも、そこに神様をお迎えするためだったのだ。だから、犯罪者の家や田畠に注連縄を張るというのは、その場所を神仏のものに変貌させることで、禍々しいケガレを除去することにつながる。

正平一〇年（一三五五）五月、紀伊《きい》国の隅田荘《すだのしょう》（現在の和歌山県橋本市隅田町）という荘園では、地元の武士たち二五名が集まって、もし鎮守の八幡宮にお供え物を納めない不届き者がいたら、みんなでその者の家に駆けつけて「神宝を振る」制裁を加えることを誓い合っている（『隅田文書』）。「神宝」とは、神社のご神体やご宝物のことである。荘園の法を守らない者に対して、みんなで「神宝」を持っていって、家のまえで「振る」。こんなことで何の制裁になるのかと思うかも知れないが、これも立派な刑罰で、他の荘園でも鎮守の神宝や神輿を家のまえで振るという刑罰は多く見られる。これはたんなる嫌がらせではなく、まさに荘園の鎮守神が犯罪者の家に降臨《こうりん》してくるわけで、ケガレの除去でもあるし、不届き者に対する警告としての効果も抜群だったようだ。

さらに変わったところでは、奈良の荘園でよく見られる「法螺《ほら》を吹く」という刑罰もある。これも犯罪者の自宅や犯行現場で、高々とホラ貝を吹き鳴らす行為らしい。ホラ貝とは、大河ドラマの戦国時代の合戦シーンなどで合図として「ぶお〜、ぶお〜」と鳴り響く、あれである。ただ、ホラ貝は本来は仏具であって、お寺の法会などが始まる際の合図として使われたのが最初で、戦国大名たちはそれを合戦のアイテムとして転用したのである。仏具としてのホラ貝には、「これを聞きて諸罪障《しょざいしょう》を滅する功徳《くどく》あり」(『不空羂索経《けんじゃくきょう》』)という機能があった。そんな仏具を家のまえで鳴らすというのも、禍々しい犯罪によるケガレを祓い清める意味があったのだろう。

あとは、伊勢神宮領で見られた「灰をまく」という刑罰もある。これも「法螺を吹く」のと同様、伊勢神宮の命令を聞かない者たちの家に対して、護摩《ごま》(神仏のまえで木や札を焚いて祈念する宗教行為)で焼け残った灰をまき散らす、という行為である。実際、伊勢神宮の神主の通行を妨害したとして「神灰《しんぱい》」をまかれた家は、その後、バチが当たって一〜二代にわたって不運に見舞われたというし、「神灰」は周囲に飛散して「民百姓の歎き」をもたらすものともいわれた。これらの場合、やや荘民に対する威嚇として使われている感もあるが、これも本来は犯罪によって生じたケガレを、ありがたい「神灰」で清めようという発想なのだろう。まるで現代の「消毒剤」や「アルコール除菌」のようなイメージではないか。

現代人から見ればバカバカしい振る舞いに見えるかも知れないが、当時の人々はこうしたことを真剣に執り行って、「聖なる空間」を維持することに努めていたのである。

中世の秋

ところが、そんな荘園制にも終焉《しゅうえん》の時代が訪れる。

戦国時代に入った文亀三年（一五〇三）一〇月、播磨国の鵤荘《いかるがのしょう》という荘園で、腰刀が盗まれるという事件が起こった。犯人だろうと問い詰められた同僚は事実無根であると言い張り、逆に友人と二人で告発者を殺害してしまう。なにやら凄まじい話だが、こうしたことは当時そんなに珍しい話ではないので、驚いてはいけない。むしろ驚くべきは、この先である。

もちろん殺人犯である二人の住んでいた自宅は荘園領主の処分の対象となるのだが、ここでこれまでとは違う事態が展開する。この荘園に暮らす内山という一人の有力者が現れ、彼らの家屋と家財道具一式を買い取りたいと名乗り出たのだ。金額にして三〇〇〇疋《ひき》（現在の価値で約三〇〇万円ていど）というのだから、悪い話ではない。この荘園の現地代官は、この提案をあっさりと呑んで、犯人の家屋を男に売却してしまったのだ（『鵤荘引付』）。

この話、これまでの「聖なる空間」のあり方からすれば、異例ずくめの話である。まず犯罪者の住んでいた住宅を平気で買い取りたいと名乗り出る男。そして、それに応じてあっさり住宅を売り渡してしまう代官。買い取りを名乗り出た男の側には、自分が事故物件を買ってケガレ・クラスターになるという危惧《きぐ》は何もないようである。また、住宅を焼き払わずに売りわたしてしまう代官にも、「聖なる空間」を維持しようという意識は感じられない。買う方は「たまたま家が欲しいと思っていたところに、いい出物《でもの》があった」というぐらいだし、売る方も「焼いて灰にしてしまうぐらいなら、すこしでもカネに替えよう」という感じなのである。

そして、それからわずか一年後の永正元年（一五〇四）閏三月、和泉国の日根荘という荘園では、犯罪者の住宅を村人たち全員が「村預かり」としてもらい受けることを、荘園領主に提案している（『政基公旅引付』）。この時期、荘園制の下から徐々に人々の生活共同体としてのムラが立ち現れてくる。そんななかで、ムラの人たちはメンバーの家を簡単には没落させず、共同で保持していこうという姿勢を見せるようになっていた。犯罪者の家をこれ幸いと下請けする者や、共同体の利益のために経営体を存続させようとするムラの存在。彼らにケガレに対する躊躇は無かった。この時期の社会には、従来のケガレ・クラスターの問題よりも、生活者の観点からの実利的な問題を優先する動向が徐々に広がっていたようなのだ。「聖なる空間」を維持しようという意識は、そこにはもはやうかがえない。

日本史の教科書では、中世の荘園制は豊臣秀吉による太閤検地によって解体された、と説明されている。しかし、実質はそれ以前、一五世紀後半には庶民たちの実利的な行動や判断によって、荘園を支える心性はすでに空洞化していたのである。

やがて江戸時代に入ると、中世の人々があれほど恐れた「法螺を吹く」という言葉は、お馴染みの「大言壮語《たいげんそうご》する」「ウソをつく」という語義に意味合いを変えていく。もはや誰も「法螺」の霊力を信じない時代が到来したのである。また「護摩の灰」という言葉も、霊感商法でご利益を偽る「詐欺師」と同義に変貌していく。「聖なる空間」を支えた重要アイテムも、新しい時代の到来とともに、その意味を零落《れいらく》させていったのである。

第16話　合理主義のはなし

神々のたそがれ

最期のお別れ

親愛なる北条泰時《やすとき》様
たいへんご無沙汰しています。四〇年前、私が突然黙って姿を消してしまったこと、あなたはさぞかし驚かれたと思います。このまま黙っていようかとも思いましたが、私がこの世を去るにあたって、やはり「弓馬《きゅうば》の友」であるあなたに、これまでのことを語り残しておこうと思いました。……

天福元年（一二三三）五月二七日、鎌倉幕府の執権《しっけん》、北条泰時（一一八三～一二四二）のもとに、こんな内容の書状が届いた。差出人は、武蔵国の御家人である下河辺《しもこうべ》行秀《ゆきひで》。あの出来事から四〇年、もはや彼の名前を知る者も少なくなったが、当時、彼の謎の失踪は鎌倉の街でもひとしきり取沙汰された。思い返せば、それは本当に些細な出来事だった——。

四〇年前の建久四年（一一九三）四月、源頼朝は下野国《しもつけ》那須野《なすの》（現在の栃木県北部）において、配下の多数の御家人を動員して、大規模な巻狩《まきが》りを挙行した。巻狩りとは、獣を大勢で四方から追い込んで射止める狩猟法で、東国武士たちはしばしば武芸の鍛錬や模擬軍事演習として愛好していた。とくに、この那須野の巻狩りは、征夷大将軍に就任して名実ともに東国の覇王となった頼朝が、その力を内外に示す記念すべき一大イベントでもあった。

そんな大一番の巻狩りの場で、勢子《せこ》に追われた一頭の大きな鹿が、頼朝の面前に姿を現すという椿事《ちんじ》が起きた。これを喜んだ頼朝は、すかさず傍《かたわ》らにいた下河辺行秀に、くだんの鹿を射止めることを命じる。謹んで御命を承った行秀は、得意の弓をひき絞り、大鹿に向けて矢を放つ。行秀一世一代の晴れ舞台である。ところが、どうしたことか、矢はあらぬ方向に逸《そ》れ、大鹿は勢子の囲みを抜けて逃げ出してしまう。その後、「ならば拙者が……」と名乗り出た下野国の御家人、小山朝政（一一五五～一二三八）が矢を放ち、みごと大鹿は仕留められるところとなった。

もはや誰も覚えていない、こんな小さな出来事が、下河辺行秀のその後の人生を大きく狂わせることとなった。行秀は、この日を最後に人々の前から姿を消し、行方不明となってしまったのである。「頼朝様の晴れのイベントにケチをつけてしまったのが、よほどいたたまれなかったのだろう」、「おいしいところを小山殿にもっていかれたのが、さぞかし悔しかったにちがいない」、などなど。あとには無責任な噂がいろいろと囁《ささや》かれた。

その後、行秀は人知れず出家遁世《とんせい》をして紀伊国（現在の和歌山県）の熊野に籠り、そこで法華経を読誦《どくじゅ》する仏道三昧《ざんまい》の日々を送っていたらしい。「つまらないことを、と思われるかも知れませんが、私はあの日をさかいに、この世のすべてが空しく感じられるようになってしまったのです……」。行秀の書状は、旧知の仲であった泰時に、出家に至る心の動きとその後の日々の生活を率直に告白したものだった。しかし、泰時を最も驚かせたのは、彼が語る補陀落渡海《ふだらくとかい》への強い決意だった。

かつて、日本列島の南の海上には、観音菩薩の浄土である補陀落山《せん》という山があると信じられていた。補陀落山の木々は光明を放ち、芳香を漂わせ、そこはまさに楽園であった。古代・中世の敬虔《けいけん》な日本人は、この観音の浄土に生きながらたどりつくために、多くは熊野灘《なだ》から船を仕立てて漕ぎ出すことを試みた。これが補陀落渡海である。もちろん、実際には太平洋上に補陀落山なる山など存在せず、そこへの出帆は事実上の自殺行為に他ならなかったが、当時の人々はそれをなかば覚悟したうえで、敢行《かんこう》していたのである。

下河辺行秀も、ついに自身の仏道修行四〇年の総決算として、補陀落渡海を決意した。彼は船の上に屋形をしつらえ、自身がそこに入った後、外側から出入り口を釘で打ちつけて閉鎖させ、大海に乗り出すのだという。一切の光を遮断した船内には三〇日分の食糧と灯明油《とうみょう》が積み込まれ、すでに出帆の準備は整っているとのことだった。

尋常ならざる決意を語る文面に衝撃をうけた泰時は、すぐにその書状を携えて将軍御所に参上し、将軍（当時は藤原頼経《よりつね》）らに事の次第を報告した。「後悔はありません。この書状があなたの元に届く頃には、私はあのキラキラと輝く南洋の波の向こうに旅立っていることでしょう」。泰時の朗読する手紙の内容に、将軍御所の人々は男女を問わず、むせび泣いたと伝えられている（『吾妻鏡』、書状文面は清水の創作）。

二〇世紀にもあった補陀落渡海

頼朝の御前での些細なミスを深刻に受けとめて武士を捨て、さらに仏道に勤《いそ》しんでは決死の補陀落渡海を実践する。この下河辺行秀の生真面目《きまじめ》すぎる生き方に、北条泰時はじめ鎌倉武士たちは深い感銘をうけたようだ。この補陀落渡海の逸話は、現代に生きる私たちにも信仰に生きる中世人のエキセントリックさを伝えて十分なものがあり、行為の善悪を越えて何か深く考えさせるものがある。〝死〟を見つめることを回避し、その場その場の成り行きに一喜一憂する人生を過ごす軽薄な現代人に比べて、中世人の宗教的思索のなんと深遠なことか……。

だが、じつはこの補陀落渡海、中世人もそんなに年がら年中、誰もがやっていたわけではなかった。史書に残された補陀落渡海の記述を細大漏らさず収集した根井浄《ねいきよし》氏の貴重な研究成果によれば、現在確認される補陀落渡海の事例は合計五七件。平安前期の貞観一〇年（八六八）の慶龍上人を初見として、最後に行われたのは明治四二年（一九〇九）の天俊上人（すでに二〇世紀！）。船出の場所は熊野灘や土佐室戸岬・足摺岬が多いものの、広く鹿児島から茨城にかけて痕跡が確認できる（なぜか日本海側の島根から出帆した例も！）。しかし、その流行には、明らかに一定の傾向が見られる。私は、補陀落渡海のうち年代が判明するものを、試みに年代別にカウントしてみた。

すると興味深いことに、補陀落渡海は九世紀から一五世紀まではずっと、五〇年に一件ぐらいしか確認できない現象なのだが、一六世紀前半に四件、後半に一一件、一七世紀前半に一五件と、突如として爆発的な流行を見せるのである。そして一七世紀後半に入ると、急速に確認できなくなり、一九世紀にはほぼ消滅する。つまり、補陀落渡海は昔から一貫して行われていたわけではなく、一六世紀後半から一七世紀前半に流行のピークがあり、江戸中期に入ると、ほぼ断絶してしまう現象なのだ。私たちには「中世」というと、洋の東西を問わず、宗教心の篤《あつ》かった時代というイメージがあるので、どうしてもこうした現象は中世に特有のものというイメージを抱いてしまうが、じつはその流行は中世末期、戦国時代に顕著に見られるものだったのだ。下河辺行秀の行為が鎌倉武士たちに衝撃をあたえたのも、当時はそれが相当に珍しい行いだったため、と見るべきだろう。

熱湯裁判のゆくえ

室町～戦国時代の人々の宗教意識を考えさせる同じような現象は、他にも見られる。永享三年（一四三一）六月、山城《やましろ》国の伏見《ふしみ》荘（現在の京都市伏見区）という荘園で、窃盗事件が多発していた。犯人はいつもわからずじまいだったが、荘内では日頃の素行の悪さから、内本《うちもと》兵庫《ひょうご》という地侍が犯人だろうとの噂が立っていた。彼には三人の兄弟がいたが、これ以前から兄弟たちも札付きの兵庫とは絶縁しており、なかば彼を見捨てている状態だった。沙汰《さた》人《にん》とよばれる荘園の代官たちは、すでに兵庫を有力容疑者と見て捜査の網を絞り込んでいたが、念のため本人に事情聴取を行ってみた。すると兵庫は意外にも次のように言い放って、自身の容疑を全否定した。

「窃盗事件のことなんて、オレが知るわけない！　それでもオレが犯人だというのなら、湯起請をやろうじゃねえか。それでオレが犯人だと決まったのなら仕方ない。罪をかぶって、堂々と切腹してやるよ！」

「ムラのはなし」でも見たように、湯起請とは、室町時代に流行した裁判で、熱湯のなかに手を入れて火傷のぐあいによって神の意志を尋ね、善悪や罪の有無を決める行為である。熱湯に手を入れるだなんて、現代人からすれば、とんでもなく滅茶苦茶な裁判だが、ともあろうに内本兵庫は、みずからそれを望んだのである。

はたして荘園の鎮守の境内で、兵庫の要望どおり、湯起請は実施されることとなった。関係者が居並ぶなか、兵庫は煮えたぎる湯のなかに手を入れる。が、直後に検分したところ、意外にも彼の手には火傷の形跡は何ら見られなかった。念のためその身柄は三日間の監視下に置かれたが、湯に入れた彼の手には、その後も異常は認められない。いささかの不審を残しながらも、こうして兵庫の無実は証明されたのである。

その後、荘内では別の被疑者三人に対する湯起請が執行された。そして、そのうち一人の桶職人の手がただれたために、その場で気の毒にも桶職人が犯人と断定された。また、その場では火傷が確認されなかった残る二人も、三日後に火傷が現れたため、後日併せて犯人とされた。ただ、この三人については、拷問などの取り調べを課したが、明確な自白は得られなかったという。はたして、この三人は本当に犯人だったのだろうか？

その一ヶ月半後、伏見荘に「あの内本兵庫が死んだ」という予想もしなかった報せが届く。兵庫は湯起請で無実が証明された後、やはり荘内にいづらかったのか、他国に出奔《しゅっぽん》してしまい、大和国のあたりを流浪していた。しかし、その地で他人の刀を盗もうとしたのがバレて、あっけなく打ち殺されてしまったのである。この話を聞いた荘園領主、伏見宮貞成《さだふさ》親王（一三七二〜一四五六）は、その日記に「やはり盗みで身を滅ぼしたか。思ったとおりだ」という感想を漏らしている。おおかたの予想どおり、荘内を騒がせた窃盗事件も兵庫が真犯人だったようだ（『看聞日記』）。

そこに神はいるのか

この内本兵庫事件の顚末からは、室町時代の人々の「神仏」に対する興味深い心理をうかがうことができる。どうやら兵庫は、みずからが犯人でありながら、否、犯人であるからこそ、率先して湯起請を提案したようなのであろう。荘内の雰囲気は、完全に兵庫に不利。誰もが彼を犯人だと思っていたし、事実、彼が窃盗事件の犯人であったようだ。一方、当時の湯起請での火傷するかしないかの確率は、私が記録に残る全九〇例近くを調べてみたところ、五分と五分。結末の決まった暗黒裁判のように思われるかも知れないが、意外にも湯起請は、つねに火傷するとは限らなかったのだ。客観的な状況は九分以上兵庫に不利であることを考えれば、湯起請に持ち込んで、1／2の確率で火傷しなければ、兵庫は晴れて無罪放免を勝ち取ることができる。湯起請は、兵庫にしてみれば、唯一残された最後の起死回生のチャンスだったのである。沙汰人たちのまえで啖呵《たんか》を切った兵庫の頭のなかには、そんなずる賢い計算が働いていたように思われる。

もちろん、そこには「神仏は何もかもお見通しで、自分にはバチが当たるかも知れない」などという神仏への畏敬《いけい》の念は微塵もない。彼は神仏を自分の都合の良いように利用して、状況を自身に有利な方向に導こうとする、まったく新しいタイプの人間だった。しかし、それは兵庫ひとりがもった特殊な思想ではなかった。他ならぬ荘園領主自身が兵庫の死を知り、日記で「思ったとおりだ」と漏らしたように、彼もうすうす湯起請の結果には疑念を抱いていたのである。また、その他の湯起請の事例を見てみても、兵庫に限らず、訴訟で負けそうな側に限って湯起請を提案するという傾向が認められる。室町時代は迷信が人々を支配していた時代ではなく、少しずつ人々のあいだに合理的な思想が拡がってゆき、人々の信仰心が揺らぎはじめていた時代だったのだ。

となれば、この時期に流行した湯起請も、人々の信仰心の篤さを物語るものではなく、むしろ信仰心の希薄化が生み出した裁判と考えるほうが理にかなっている気がする。中世も終焉に近づき、神仏を信じられない時代に突入したからこそ、人々は過激な道具立てを用意して、神仏の声を聞き出そうとしたのではないか。

そこで私が思い出すのが、少々突飛な連想だが、昔、小学校四年生になった我が家の息子が、サンタクロースの存在に疑念を抱き始めたときの言動である。年末近く、すでに学校では「サンタはお父さんである」という噂が拡がりはじめていたなかで、息子は私に向かって、こういったのである。「ボクはサンタはいると思う。だから、今年はプレゼントに何が欲しいか、家族にはいわないことに決めたよ。本当にサンタがいるなら、口に出さなくてもボクの欲しいものを、ちゃんと持ってきてくれると思うんだ」。そろそろプレゼントの買い出しに行こうとしていた私は、この宣言に衝撃をうけた。「神」の存在に疑念を抱きはじめたとき（そして、それでも「神」を信じたいと思ったとき）、人は「神」の存在を「試す」らしい。そこには、湯起請を思いついた室町人と同じ発想が見てとれる（ちなみに我が家の「サンタ」は、息子の直近の様々な言動から推理してプレゼントを調達し、みごと彼の望むものを送り届けることに成功したことを付記しておこう）。

しかし、この愚息の例からもわかるように、神を「試す」ことは、間違いなく「不信」の第一歩だった。事実、このあと人々のあいだに神仏への懐疑がさらに高まってくると、湯起請は急速に姿を消し、かわって戦国〜江戸初期には、もっとエキセントリックな鉄火《てっか》起請《ぎしょう》という裁判が姿を現す。これは熱湯ではなく焼けた鉄の棒を握って火傷のぐあいを調べる、さ

(件)
19
18
17
16
15
14
13
12
11
10
9
8
7
6
5
4
3
2
1
0

湯起請
（計87件）

鉄火起請
（計45件）

一四〇〇
一〇
二〇
三〇
四〇
五〇
六〇
七〇
八〇
九〇
一五〇〇
一〇
二〇
三〇
四〇
五〇
六〇
七〇
八〇
九〇
一六〇〇
一〇
二〇
三〇
四〇
五〇
六〇
七〇
（年代）

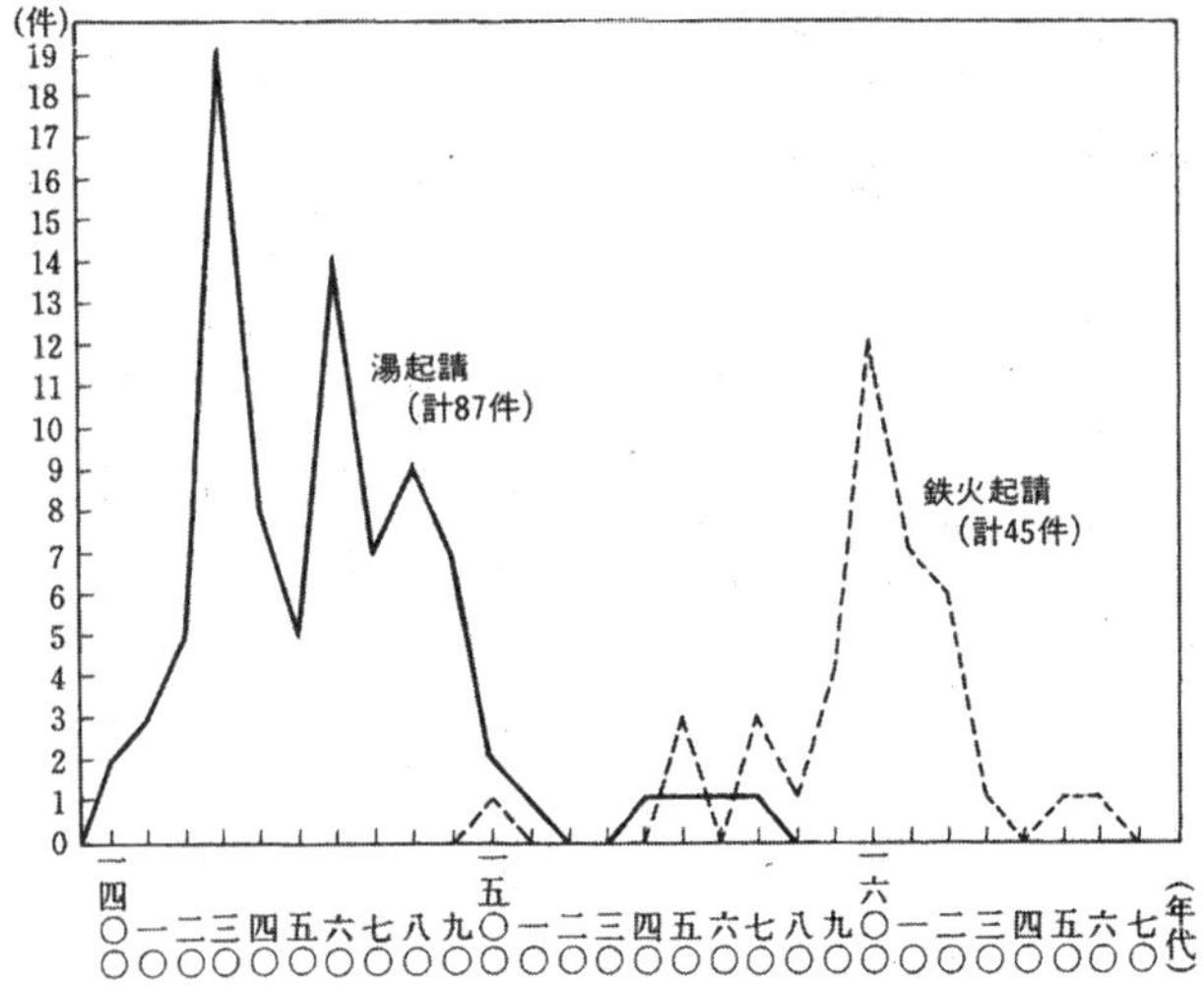

湯起請・鉄火起請確認件数

らに過酷な裁判である。

　上の図を見てもらいたい。これは、史料で確認される湯起請と鉄火起請の件数を年代別にグラフ化したものである。これを見ると、湯起請は原始の時代から連綿と続いてきたものではなく、室町時代（一五世紀）になって、突如流行を見せた現象だったことがわかる。また、湯起請が一過性の流行を見せて廃れた後、次にはより過激な鉄火起請が戦国～江戸初期（一六世紀後半～一七世紀前半）に小流行を見せ、やがて江戸時代の社会が落ち着くと、それも急速に姿を消していくことがわかる。中世から近世にかけて神仏への不信が拡がりを見せるなかで、それでも神仏を信じたいと願う人々が、より過激な行動に走った結果、生まれたのが湯起請であり、鉄火起請だったのである

る。

補陀落渡海が中世の終わりに急激な大流行を見せるのも、これと軌を一にした現象だろう。一見すると信仰心の高揚を示しているかに見える過激な出来事は、むしろ信仰心の退潮によって生み出された反動的な現象だったのだ。

「夢幻能」の世界

信仰と呪術が「中世」を彩る一つの特徴であるとするならば、その後に続く「近世」は合理主義や人間中心主義が開花していく時代と位置づけることができるだろう。

たとえば、中世の村人たちは、農作業をするうえで「田遊《たあそ》び」とよばれる豊作を祈念する芸能を行うことが必須とされていた。田遊びは新年に村の鎮守などで行われるもので、村人たちが太鼓や歌に合わせて、田起こしから田植え、刈り取りにいたる一連の農作業を模擬的に演じていく行事である。そこには神仏に豊作を祈るという呪術的な意味とともに、歌詞のなかに稲の品種や収穫までの全工程などの情報が盛り込まれていて、それ自体が農業技術の伝承の役割を担っていた。いまでも東京の板橋区や静岡・愛知の山間部など、この中世以来の田遊びを伝えている地域は多い。

ところが、近世に入ると、田遊びに代わって、もっと直接的な農業技術書である「農書《のうしょ》」が作られるようになる。識字人口の拡大や出版文化の盛行を背景に、呪術や祭りではなく書物のかたちで知識を習得する時代が到来したのである。もはや知識や情報の獲得に神仏が介在する必要はないし、書物のおかげで、得られる知識や情報はより広範で正確なものとなっていった。これにより、人々は飢饉や不作に怯《おび》えて神仏にすがるのではなく、迫り来る不幸に、より合理的な対応をすることが可能になったのだ。

「自力救済から平和へ」。「多元性・多層性から一元性へ」。中世から近世にかけての変化を本書では様々な切り口で見てきたが、この「呪術から合理主義へ」という変化も、二つの時代の違いを特徴づける重要な切り口である。ただ、その変化は一直線に展開したわけではなかった。とくに中世後期（室町・戦国時代）は、人々のあいだに信仰への懐疑が拡がっていくのに逆行して、一時的に強烈な信仰形態が生み出されたのである。既存の宗教勢力が減退していく戦国時代にあって、キリスト教や一向宗という新たな信仰が人々の支持を集めたのも、その一環といっていいだろう。

ちなみに、室町時代にルーツをもち、いまも根強いファンのいる伝統芸能に、能楽がある。とくに世阿弥が創始したとされる夢《む》幻能《げんのう》という形式は、名所旧跡を訪ねた旅人や僧侶（ワキ）のまえに、神や霊（シテ）が出現し、その土地にまつわる伝説や身の上を語るという表現スタイルで、能楽の代名詞ともなっている。この夢幻能については、その神や霊と人間が交流する物語設定から、しばしば「中世の人々の心性を今に伝える」とか、「神仏とともに生きた中世人」などと形容されて持て囃《はや》されているが、私はそれに少し疑問をもっている。

そもそも古代・中世において、神や霊や鬼は俗人には見ることのできないものだった。それは、本来、語ることや造形することが困難なシロモノだったはずである。しかし、それを人間が演じて、しかも劇として演出するというのは、かなり合理的な精神によるものなのではないだろうか。本当は、そこに神はいない。神や霊すらも芸能や娯楽として引き下ろしてきてしまった室町人の精神の所産が、じつは能楽なのではないだろうか。

そして近世へ

では、なぜ室町・戦国時代の人々は神仏への懐疑の念を抱いてしまったのだろうか？　これは、まったく私の能力に余る難問で、容易に答えは出せないが、いまのところの見通しぐらいは抱いている。

中世ヨーロッパでも、ある時期からキリスト教への不信が広まっていったが、その一因は、ヨーロッパを何度も襲ったペストの大流行にあったとされている。疫病は目に見えない存在で、善人・悪人の差別なく、その命を奪うことに恐怖の根源がある。これは、現今のわが国のコロナ禍を思い出してもらえばわかるだろう。非情な疫病に教会も聖書も役に立たないと知ったとき、人々は新たな価値観を模索していったのである。

戦国時代の肥前《ひぜん》国平戸（現在の長崎県平戸市）で、それまで敬虔な仏教徒であったある老女が、娘の病死をきっかけに、突然「そもそも仏などというものは存在しない」といい出して、自分の所持していたお守り札などを焼き捨てはじめた。彼女はこういう。「なぜなら、私が仏たちに対して行なったあれほどの善行によって、仏たちが心を動かされぬということが、そして私があれほど切々とお願い申したのに、それを私に聞き届けてくれぬというようなことが、一体ありえるでしょうか」(フロイス『日本史』第一部六三章)。これはキリスト教宣教師が書き留めた、いささか極端な例ではあるが、この時代の過酷な社会状況と、そこから生じた懐疑的な気分を象徴している証言といえるだろう。

日本中世の場合、幸いにもペストのような大規模パンデミックを経験することはなかったが、それに代わる悲劇として、とくに激化する戦乱の存在は大きかった。戦国時代の庶民が書いた古文書のなかには、合戦や紛争が起きることが、よく「乱がゆく」と表現されている。たとえば、庶民のあいだで交わされる借金証文などで「どのような戦乱が起こっても、必ず返済します」といった記述をする場合、「乱がゆき候とも……」などという常套《じょうとう》表現が使われる。ただこれは、よくよく考えると不思議な表現ではないだろうか。「乱がゆく」というと、まるで「乱」に足が生えていて、自分の意志で行ったり来たりするかのような言い方なのである。あたかも台風やゴジラが襲来して、街を破壊していくみたいなイメージである。

しかし、戦国時代の庶民にとって、「戦争」は政治・政略の結果として起きるものではなく、それ自体、一個の生命体のように意志をもって活動するもので、人間の制御を越えて外部から襲い来るものと考えられていたようだ。当時の庶民が〝雲の上〟の存在である為政者間の複雑怪奇な政争をめぐる情報を容易に入手できるはずもなく、多くの場合、「戦争」は不意に脈絡《みゃくらく》なく人々の生活を破壊する、理不尽な「天災」と捉えられていたにちがいない。「乱がゆく」という表現には、そんな当時の人々の独特な戦争観が込められている気がする。であるならば、それに人々が抗《あらが》うことなどできようはずもない。私たちが自然災害が過ぎ去るのをじっと耐え忍ぶしか術《すべ》がないように、当時の人々も「戦争」を不運の一つとして受け入れるしかなかったのではないだろうか。

そうしたなかで、既存の宗教が必ずしも人々を救済しないことに気づき、ある者はよりエキセントリックな方向に信仰心を深める。ある者は信仰を捨てて、より合理的な思考を深める。苦難の体験は人々を信仰に走らせるだけでなく、ときに信仰を疑わせ、そこから遠ざける役割も果たしたのではないか。いまのところ私は、中世の終わりに訪れた人々の信仰心の退潮原因を、そんなところに求めている。

そして、そんな幾多の逆流や滞留を経て、「中世」の流れの末に、いまの私たちが生きる社会が生まれ出ることになる。

おわりに

なにげなく雑誌のインタビュー記事を読んでいて、あるベテラン俳優が語った次のような一言が、いまも妙に心に残っている。

――役者というのは「弁護士」という仕事に似ていると思う。

彼は、醜悪な権力者や不気味な倒錯者、小心な犯罪者など一癖も二癖もある人物を演じて定評があり、〝怪優〟の異名をもつ俳優である。およそ視聴者には共感のもてない、一ミリも同情する余地のない怪異な人物を演じるにあたって、そこにリアリティーを吹き込むのが俳優の仕事だと、彼はいうのだ。たとえ台本に、その人物の常軌を逸した言動や異常性格の背景が詳細に描かれていなかったとしても、きっと内心はこうだったのではないか、こうならなければならない裏事情があったのではないか、という想像力を働かせて、演技でそれに自然な肉付けをあたえていく。そのとき俳優は、その架空の人物の唯一の理解者であり、それは、いわば法廷で凶悪犯人の弁護を行う「弁護士」にも匹敵する役割なのだという。

その記事を読んで、なるほど、俳優という仕事は、そういうものなのか、と、私はいたく感心した。彼の演じる人物はいずれも、あんな気持ちの悪い人は身近で見たことないし、おそらく実在もしないのだろう。でも、彼が演じると、いかにもその辺にいそうな感じが漂い、ついつい目が離せなくなってしまう。だから人は彼の演技に引き込まれるのか、とすべてに納得がいった。

と同時に、付け加えさせてもらうなら、歴史学者の仕事というのも、実はそれに似ているのではないか、と思った。

現代を生きる私たちには理解不能であるばかりか、現代人の価値観からすればおよそ許容することのできない出来事に、過去は満ちている。しかし、そこには必ずその時代なりのロジックがあるのであって、彼らも魑魅魍魎《ちみもうりょう》や悪魔でない以上、そうした彼らなりの「合理性」に基づいて行動している。本書で紹介した珍妙な逸話の数々も、それを紹介する私のなかでは、すべてその世界のなかの必然性から生まれたものだと考えているし、読者のみなさんにその点を第一に理解してもらいたいと思って書いた。その意味では、私も彼らの「弁護士」である、と自負している。はたして私の弁護によって、彼らは「有罪」となるのか「無罪」となるのか。すべては読者のみなさんの審判にゆだねたい。

しかし、「弁護士」として最後に陳弁させてもらうならば、願わくば、読者のみなさんには、彼らの言動に「共感」することはないまでも、そこにそれなりの「理解」を示してもらえれば、ありがたい。自分と異なる社会を「理解」するということは、現在、私たちが生きている社会がすべてではない、ということを知るための第一歩でもある。みずからの生きている社会が絶対ではないと認識することは、その社会を変えていく勇気にもつながる。また、みずからの価値観を相対化できる者は、それと異なる価値を奉ずる人びとにも寛容になれるのではないか。日本中世の社会を学ぶということは、現代社会の不寛容を和らげるトレーニングともなるはずであると信じたい。

本書は、月刊誌『小説新潮』での連載コラム「アナーキー・イン・ジャパン」(二〇一九年九月号~二〇二〇年一二月号)をもとに再編集したものである。執筆にあたっては、新潮社の内山淳介さんと、『小説新潮』編集部の後藤結美さんに、多大なお世話になった。内山さんの褒め上手についつい乗せられて始めてしまった連載だったが、コロナ禍で自宅に引き籠る日々のなか、月一回の締め切りとお二人とのメールでのやりとりは生活にメリハリをもたらし、とても楽しいものだった。また、表紙と挿絵は、Eテレのアニメ「オトナの一休さん」で室町の庶民社会を活写された伊野孝行さんにお願いして、ハードボイルドでありつつもユーモラスな、本書の内容にぴったりな絵を描いてもらった。お三方に心からの感謝を申し述べたい。

清水　克行

二〇二一年三月一五日

参考文献（初出刊行年順）

第1部　僧侶も農民も！　荒ぶる中世人

第1話　悪口のはなし　おまえのカアちゃん、でべそ

笠松宏至「『お前の母さん……』」（網野善彦・石井進・笠松宏至・勝俣鎮夫『中世の罪と罰』講談社学術文庫・二〇一九年、初版一九八三年）

第2話　山賊・海賊のはなし　びわ湖無差別殺傷事件

桜井英治「山賊・海賊と関の起源」（『日本中世の経済構造』岩波書店・一九九六年、初出一九九四年）

勝俣鎮夫「中世の海賊とその終焉」（『戦国時代論』岩波書店・一九九六年）

第3話　職業意識のはなし　無敵の桶屋

藤木久志「一向一揆と飢饉・戦争」（『土一揆と城の戦国を行く』朝日選書・二〇〇六年、初出一九九六年）

第4話　ムラのはなし　〝隠れ里〟の一五〇年戦争

蔵持重裕『中世　村の歴史語り』（吉川弘文館・二〇〇二年）

長浜市長浜城歴史博物館編『菅浦文書が語る民衆の歴史』（サンライズ出版・二〇一四年）

第2部　細かくて大らかな中世人

第5話　枡のはなし　みんなちがって、みんないい

寶月圭吾『中世量制史の研究』（吉川弘文館・一九六一年）

稲葉継陽「中世社会の年貢収納枡」（『戦国時代の荘園制と村落』校倉書房・一九九八年、初出一九九三年）

第6話　年号のはなし　改元フィーバー、列島を揺るがす

峰岸純夫「災異と元号と天皇」（『中世　災害・戦乱の社会史』吉川弘文館・二〇〇一年、初出一九七九年）
千々和到「暦と改元」（『講座　前近代の天皇4』青木書店・一九九五年）
渡部恵美子「戦国期の私年号について」（『信濃』四九―一二・一九九七年）
山田邦明「香取文書にみる中世の年号意識」（『千葉県史研究』六号・一九九八年）

第7話　人身売買のはなし　餓身を助からんがため……

棚橋光男「人身売買文書と謡曲隅田川」（『中世成立期の法と国家』塙書房・一九八三年、初出一九七九年）
藤木久志「中世の生命維持の習俗」（『飢餓と戦争の戦国を行く（読みなおす日本史）』吉川弘文館・二〇一八年、初出一九九八年）
磯貝富士男『日本中世奴隷制論』（校倉書房・二〇〇七年）

第8話　国家のはなし　ディストピアか、ユートピアか？

石井進「銭百文は何枚か」（『石井進著作集　第10巻』岩波書店・二〇〇五年、初出一九八八年）
桜井英治「それは何の価値か」（『歴博』一二四号・二〇〇四年）
橋本雄『中世日本の国際関係』（吉川弘文館・二〇〇五年）

第3部　中世人、その愛のかたち

第9話　婚姻のはなし　ゲス不倫の対処法

服藤早苗『平安朝の女と男』（中公新書・一九九五年）
川本慎自「禅僧の荘園経営をめぐる知識形成と儒学学習」（『中世禅宗の儒学学習と科学知識』思文閣出版・二〇二一年、初出二〇〇三年）

氏家幹人『かたき討ち』（草思社文庫・二〇一三年、初版二〇〇七年）

第10話　人質のはなし　命より大切なもの

藤木久志「身代わりの作法・わびごとの作法」（『戦国の作法　村の紛争解決』講談社学術文庫・二〇〇八年、初出一九八六年）

福原圭一「直江兼続公を知る（二）　直江兼続の『愛』」（『広報じょうえつ』八三七・二〇〇八年）

第11話　切腹のはなし　アイツだけは許さない

千葉徳爾『切腹の話』（講談社現代新書・一九七二年）

清水克行「中世社会の復讐手段としての自害」（『室町社会の騒擾と秩序』吉川弘文館・二〇〇四年）

清水克行『喧嘩両成敗の誕生』（講談社選書メチエ・二〇〇六年）

氏家幹人『かたき討ち』（草思社文庫・二〇一三年、初版二〇〇七年）

神田千里「寺内町の相続訴訟」（『戦国時代の自力と秩序』吉川弘文館・二〇一三年、初出二〇一一年）

第12話　落書きのはなし　信仰のエクスタシー

藤木久志「村堂の落書き」（『戦国の作法』講談社学術文庫・二〇〇八年、初出一九八九年）

三上喜孝『落書きに歴史をよむ』（吉川弘文館・二〇一四年）

第4部　過激に信じる中世人

第13話　呪いのはなし　リアル　デスノート

酒井紀美「名を籠める」（『日本中世の在地社会』吉川弘文館・一九九九年、初出一九八九年）

松原信之『越前朝倉氏の研究』（吉川弘文館・二〇〇八年）

萩原大輔「中世『名を籠める』文書論」（『史林』九三－六・二〇一〇年）

第14話　所有のはなし　アンダー・ザ・レインボー
笠松宏至「盗み」（網野・石井・笠松・勝俣『中世の罪と罰』講談社学術文庫・二〇一九年、初版一九八三年）
笠松宏至『徳政令』（岩波新書・一九八三年）
武藤滋・安藤弘・岡野誠「世界の徳政令」（『週刊朝日百科　日本の歴史8　徳政令—中世の法と裁判』朝日新聞社・一九八六年）
勝俣鎮夫「交換と所有の観念」（『戦国時代論』岩波書店・一九九六年、初出一九八六年）
高山純「西湘地方の成木責め・月見団子の盗み習俗、そして一つ目小僧伝承の起源」（杉山博久先生古稀記念論集刊行会編『地域と学史の考古学』六一書房・二〇〇九年）

第15話　荘園のはなし　ケガレ・クラスター
勝俣鎮夫「家を焼く」（網野・石井・笠松・勝俣『中世の罪と罰』講談社学術文庫・二〇一九年、初版一九八三年）
藤原良章「法螺をふく」（『中世的思惟とその社会』吉川弘文館・一九九七年、初出一九八九年）
網野善彦「灰をまく」（『網野善彦著作集　第14巻』岩波書店・二〇〇九年、初出一九八九年）
清水克行「室町後期における都市領主の住宅検断」（『室町社会の騒擾と秩序』吉川弘文館・二〇〇四年）

第16話　合理主義のはなし　神々のたそがれ
黒田日出男「田遊びと農業技術」（『日本中世開発史の研究』校倉書房・一九八四年、初出一九七〇年）
根井浄『改訂　補陀落渡海史』（法蔵館・二〇〇八年）
清水克行『日本神判史』（中公新書・二〇一〇年）

本書は、『小説新潮』（二〇一九年九月号〜二〇二〇年一二月号）に連載された
「アナーキー・イン・ジャパン」をもとに加筆・修正したものです。

清水克行

1971年生まれ。明治大学商学部教授。歴史番組の解説や時代考証なども務める。著書に『喧嘩両成敗の誕生』(講談社選書メチエ)、『日本神判史』(中公新書)、『戦国大名と分国法』(岩波新書)、『耳鼻削ぎの日本史』(文春学藝ライブラリー) などがあるほか、ノンフィクション作家・高野秀行氏との対談『世界の辺境とハードボイルド室町時代』(集英社文庫) が話題になった。

地図制作/アトリエ・プラン

室町《むろまち》は今日《きょう》もハードボイルド
日本中世《にほんちゅうせい》のアナーキーな世界《せかい》

著者　清水克行《しみずかつゆき》

発行　2021. 6 .15
6刷　2021.12. 5

発行者　佐藤隆信
発行所　株式会社新潮社
〒162-8711 東京都新宿区矢来町71
電話　編集部　03-3266-5611
　　　読者係　03-3266-5111
https://www.shinchosha.co.jp
装幀　新潮社装幀室

印刷所　大日本印刷株式会社
製本所　株式会社大進堂

乱丁・落丁本は、ご面倒ですが小社読者係宛お送り下さい。
送料小社負担にてお取替えいたします。価格はカバーに表示してあります。

ISBN978-4-10-354161-5 C0095